實戰智慧館 494

美股投資學

跟著JC錢進美股，
打造高速成長、穩健收息的投資組合，
擁抱世界財富

財女Jenny　著

推薦文

投資美股，眼界更不同

Mr.Market 市場先生◎財經作家

幾年前我曾經和一家新加坡最大的券商主管交流，提到大多數的台灣人投資股票都是以台灣為主，我好奇地問他，新加坡人是不是也以投資新加坡股市為主？他說新加坡的券商看盤軟體，一登入看到的就是美股和全球市場。

雖然知道新加坡的股市規模本來就很小，加上他們做事情很習慣都是考慮全球市場，但這個答案還是讓我很驚訝，因為這和我們在台灣的體驗完全不同。在台灣，所有的券商看盤軟體一進去都是台股，一直到近兩年因美股投資人逐漸增加，券商才開始有推廣複委託的趨勢。

大多數投資人一開始對美股往往提不起興趣，原因不外乎是覺得英文不好懂，也不熟悉市場與規則。但如果我們登入券商看盤軟體看到的也都是美股市場，想必人們的認知會完全不同。

爲何要投資美股市場？

在講座或者網路社群上，我時常遇到讀者詢問：「市場先生，我可不可以只投資台灣股票、台灣的ETF就好？」

踏出美股的第一步也許不容易，但只要你去詢問任何一個已經開始投資美股的人，他們一定都會告訴你美股市場的許多好處。其中有兩個最重要的特性：

一、**美股市場選擇性更多元**：美國股市規模占全球約五〇%，台灣則約二%。許多全球知名的品牌、最新技術的企業、各種好用的ETF，都能在美股市場中選擇交易。此外，台股市場中能保持連續十年成長的企業寥寥可數，但在美股市場則比比皆是。

二、**美股市場資訊透明度較高**：我和作者Jenny一樣，看台股財報時也覺得是在看天書，台股財報看似什麼都有揭露，卻又什麼重點都沒說，你得自己從中抓重點。當然，往好處想是這樣就存在一些發掘潛在機會的條件，往壞處想則是你實際上並無法因此搞懂一家公司。但美股市場不僅揭露必要的資訊，財報上會主動把所有重點告訴你，包含一些巨大的變化、產業競爭狀況、公司的風險。讀過台股財報的人再去讀美股財報，一定會覺得如沐春風。

不單單了解財務數字

我們都知道，過去績效不代表未來績效，企業過去的營運狀況不代表未來也會如此，每年的盈餘成長不代表未來一定也會成長。

因為財務數字只是呈現結果，唯有理解財務數字背後的原因，才能對未來變化做出相對合理的推測。只要讓企業獲利、成長的原因不變，未來就有比較大的可能性繼續獲利和成長。在這樣的基礎下，對公司的評價與估值才有意義，否則單純看過去財務數字對未來的分析，如同是看後照鏡開車。

而每家公司帶來獲利的原因都不同，觀察這些原因是否改變，需要觀察的重點也不同。《美股投資學》這本書透過許多案例，告訴讀者如何對企業做出分析與判斷。例如：臉書是觀察它的「活躍用戶數量成長」和「每位用戶平均帶來的廣告收入」；網飛是觀察它的「訂閱數增長」與「現金流變動」；近年轉型為訂閱制付費的 Adobe，則是觀察它來自訂閱的「經常性收入」。

除了關鍵因子以外，也要理解企業風險、未來展望。外部因素也同樣要考量，包含上下游、競爭對手狀況，都會影響企業未來表現。

一定有我們所不知道的事

即便我們對企業做足了功課，仍不代表我們有能力百分之百預測未來，只是把握相對增加了而已。

再好的公司，一定都有股價表現不好的時候。有時是公司遇到暫時的逆風，有時是全市場氣氛都很低迷。實際上每間公司的特性都不一樣，我們要投資它的理由、信心和掌握程度都有所不同，適合操作的方式也不一樣。

有些公司即使股價暫時表現不好，在分析原因後你也依然有信心長期持有。但有些公司當初只因為某些資訊對它看好，一旦狀況有變，也應該適時停損出場，而非一味地堅持長期投資。

書中有一段話我很喜歡：「忽視反面意見，對投資人來說相當危險。我們不該總是問自己『為什麼該買這家公司的股票』，而該問自己『為什麼不該買公司的股票』，如果真的想不到答案，這才表示你真的應該買它！」

本書十分值得一讀，書中介紹了美股基礎知識與常用工具，你可以感受到作者 Jenny 的思考非常清晰有條理，期待你能從中有所收穫。

推薦文

別讓錯過美股成爲遺憾

安納金◎《一個投機者的告白實戰書》暢銷財經作家

在我一九九七年開始踏入國際金融市場之初，美國股市就是我第一個接觸到的市場，而且讓我大為驚豔！因為無論在產業深度或廣度以及可選擇的標的，美股都是目前全世界第一大市場，不可勝數的證券代碼，有些只有一個英文字母（例如「C」是花旗集團、「F」是福特汽車、「T」是AT＆T、「V」是VISA），有些則多達五個字母，不像台股的證券代碼是按照不同產業類別以數字編碼。美股龐大而複雜的世界，讓第一次接觸到美股的我覺得好浪漫，但也很迷惑。

適逢其時的一本書

在二十多年前，台灣人直接下單投資美股並不多見，當時市場上也很少有相關資訊教導我們如何直接開戶買賣美股，因此當時我和多數好友都選擇以海外基金的方式。然而對於許多我們鍾情的公司，例如蘋果、亞馬遜，看著它們不斷成長，這些公司的市值以數千倍到數萬倍以上的擴增幅度在全世界攻城掠地，心中難免惆悵。雖然成長於同一個時代，卻缺乏好的引路人教我們如何直接買進這些公司的股票，成為全世界最強企業的股東。

Jenny撰寫的這本書《美股投資學》，雖然對我的個人投資生涯而言來得太晚，但相較於絕大多數的股票投資人，卻適逢其時！茲以三個重點因素來說明。

首先，這個時機恰好是道瓊工業指數突破三萬點大關、一個長期的重要里程碑，讓沒有參與過美股投資的人不得不正視這一塊大餅，並體認到美國FAANG等科技巨擘，終究是帶領全世界股市不斷創新高的成長動能核心所在。其次，有愈來愈多的投資人已經廣泛使用網路券商平台，因此直接開海外帳戶投資美股逐漸是一個新顯學（本書也會指導如何跨出第一步）。更重要的是，本書是以我們生活中最常接觸的食衣住行等行業、最容易了解並掌握資訊的面向，作為投資美股的入門引導，對多數沒有直接下單買賣美股經驗的投資人來說，內容深度恰如其分！

前進美股，等於放眼全世界

美國除了擁有最多、最具國際競爭力的大企業，其他各國的產業龍頭也都紛紛前往美國掛牌，例如台灣股市最大權值股「台積電」，很早就在美國掛牌ＡＤＲ（American Depositary Receipts，在美國發行的存託憑證）。因此，學會如何前進美股，就等於放眼全世界！

在全球投資理財路上，我太晚學會直接開戶投資美股，這是我的一大缺憾，但此時拿起《美股投資學》這本書的您不會有這個遺憾。我誠摯推薦給每一位想要前進美股、前進全世界的台灣投資人。

願善良、紀律、智慧與你我同在！

推薦文

用美股輕鬆實現價值投資

阿格力（許凱迪）◎台股生活投資領航者

阿格力是台股生活投資的領航者，Jenny 則從美股市場淬煉出一套適合散戶的生活美股投資學，因此我們的相識可說是從「生活投資」出現交集及緣分。二〇二〇年開始，我經常邀請 Jenny 到我主持的財經節目《投資最給力》暢談美股投資經驗，從總經談到趨勢，再從趨勢挖掘出更多美股投資機會。在經過三月份的崩盤洗禮後，Jenny 的投資風格及策略變得更加全面，而這些好康都在《美股投資學》中毫不藏私的一〇〇%分享。

投資美股沒有想像中困難

若提到美股投資最大的心魔，大家最害怕的肯定就是「菜」英文，認為沒有很厲害的英文能力就無法投資美股。但其實 Jenny 在書中列出了具中文客服的券商可供選擇，投資並沒有想像中那麼困難，只要了解幾個遊戲規則就能啟動你的美股投資計畫。大家回想台股投資或學習的經驗，一開始不也從市場的交易時間、單位及交割規則開始學嗎？接著進入市場體驗投資的美好，並運用各種財經書籍慢慢精進自我。

多數人大量閱讀財經書籍，通常看完就會忘記或只是比賽看書看了幾本的「解成就」，甚至某些時候過量閱讀反而影響投資思緒。特別的是，Jenny 閱讀量雖然高於常人不少，卻總能將其中的精髓重點運用於投資上，藉由不斷吸收大師鉅作而調整投資策略。因此看到這本書的讀者們相當幸福，看似只是閱讀一本書，實際上早已將數以百計的經典結合於各個章節中了。

例如書中提到什麼時候該和股票斷捨離？就引用《紀律的交易者》（*The Disciplined Trader*）所提到：「在交易市場中不要成為一個被動的輸家，而是要掌握大局採取主動。」她不僅分享書籍的經典，也同時巧妙結合自身的觀點，如果你也曾經拜讀相關書籍，肯定時常在閱讀時會心一笑。

直擊痛點，投資不再無所適從

而投資美股的另一個迷思，就是台股與美股不同市場，也必須研擬不同的投資策略來因應。但具有兩個市場實戰經驗的投資人肯定知道，其實無論市場怎麼改變，投資策略及邏輯都是相通的。例如公司營運就是看基本面和財報數字，而進出場則需參考技術面輔助研判，甚至產業趨勢也是需要特別注意的重點。

再提一個更直接的痛點，大家都知道投資美股的好康，但問到如何更深度研究個股，往往僅停留在「公司很不錯」的表面階段，接著偶爾看看新聞即不再另行研究。如此缺乏完整性的投資架構其實相當高風險，除了沒有即時性也不全面，就算投資人想認真研究，卻容易因為資訊爆炸而無所適從。

以上臚列的美股投資議題僅僅是冰山一角，書中提到更多實際投資才會遇到的情境及解法，相信無論老手或新手都能得到不少收穫。此外，Jenny 用了四章的篇幅談論生活選股，找出食、衣、住、行等相關類股，並結合產業面、基本面及未來展望等角度切入剖析，絕對能讓讀者對美股有截然不同的認識。

推薦文

一本帶你入寶山的武功祕笈

華倫老師◎《華倫老師存股系列 養對股票存千萬》作者

回想二十年前我初入股票市場時，認為股價波動是一個有生命的東西，相信自己可以抓住每一個股價波動，創造利潤。殊不知這是魔鬼在收門徒，讓自己愈陷愈深於投機的零和遊戲當中。故事的結局就是幾乎賠光了所有的積蓄，直到我知道了股神華倫・巴菲特（Warren Buffett）。

我將巴菲特價值投資的精神運用在台灣股市當中，開始研究公司基本面，研讀公司財務報表，了解公司未來成長的潛力，以及公司的競爭對手和可能遇到的風險。我從投機到投資，從流浪教師到華倫老師，經過十五年的長期投資，達到財富自由的目標。

但是多年來，我的投資僅局限於台股，對全美國股市這個世界最大的經濟體一知半解，也由於語言和交易制度甚至換匯的問題，總讓我覺得麻煩，甚至不得其門而入。

當我看到「JC財經觀點」版主Jenny所撰寫的《美股投資學》，我才對美國股票市場有一個完整的輪廓和方向，於是迫不及待想要推薦給大家了。

巴菲特說他出生在美國而不是阿富汗就像是中樂透一樣，一九四二年四月，當時巴菲特十一歲，他買了人生第一檔股票，當時道瓊工業指數是一百點，現在已經三萬點（二〇二〇年十一月二十五日收盤為三〇一一四點）；如果你在一九四二年到美股市場，投入一百萬美元於標普五百指數基金，那麼七十七年後將增值為五十三億美元。巴菲特認為，他和波克夏．哈薩威（Berkshire Hathaway）的成功只是美國經濟不斷成長下的產物，這沒什麼好驕傲。

書中自有黃金屋

誠如 Jenny 說的，台股雖然很好，但多一個資產配置的選擇會更好，就好比從台灣的超級籃球聯賽晉升到美國ＮＢＡ的殿堂一樣。美國股票市場有太多國際化且大家耳熟能詳的大公司，分布在食、衣、住、行、育、樂等各種不同產業中，像蘋果、臉書、Alphabet（Google 母公司）、亞馬遜、耐吉、特斯拉……等等，我們要成為這些大企業的股東，就必須要進入美股市場。

經由 Jenny 的介紹，就算您像我一樣對美股是一張白紙，也能經由本書從開戶、到稅務、到公司財報研究得到完整資訊，甚至可以經由許多免費網站更深入了解公司的基本面。此外，Jenny也介紹了美國主要指數的種類，還有個股的分類，提供許多美國指數型基金ETF的資料及過去的績效表現，更不吝於介紹許多優質美國公司股票，不管是穩定成長股還是高股息概念股，絕對會讓讀者有入寶山的感覺。

「書中自有黃金屋」，指的就是這本書了，它不但是進入美國股市的入門書，也是一本工具書，更是您財富累積的武功祕笈。廢話不多說，建議大家趕快收藏囉！

推薦文

美股新手進入市場的敲門磚

資工心理人◎理財部落客

近幾年隨著網路的便利，以前覺得遙不可及的美股市場，現在只要開通海外券商，或者是使用台灣券商的複委託功能，即可開始投資美股。而美股市場非常龐大，有許多強大的跨國公司可以投資，例如星巴克、麥當勞、Google等等，不管你是哪種類型的投資人，都可以在美股市場找到適合自己的投資標的，也不用像在台股市場一樣，要去猜哪家公司可以打進蘋果的供應鏈、哪家公司是特斯拉概念股，直接就能投資蘋果或特斯拉的股票。

而且美國因為股市發展已久，監管嚴謹，美國證券交易委員會負責監督市場，確保投資人能夠在市場上獲得應有的資訊，在遭受損失時（例如券商疏失）也能夠獲得應有的保護。

看見更廣闊的投資世界

感謝 Jenny 出版了這本《美股投資學》，書中用淺顯易懂的表格與資料，帶領大家了解一些在台灣耳熟能詳的美股標的，進而能夠理解如何分析與思考投資的標的是否值得買進持有，以及一些好公司是如何成長並帶動股價上漲，他們又有什麼樣的護城河及競爭優勢得以保有在市場的領先地位。

如果是喜歡領股息的投資人，Jenny 也介紹了哪些公司的股息是持續成長，並評估這些公司如何能夠細水長流地穩定配發股息。如果是指數型投資人，從書中也能找到許多低成本的ETF投資工具，讓你投資標普五百指數或歐洲美洲市場，甚至直接投資全球市場。更重要的是，作者會讓你知道為何低成本那麼重要，因為要知道同樣投資一個指數（例如標普五百），如果基金公司收取的內扣費用愈多，投資人拿到的報酬就會愈少，逐年累積下來的差距會非常可觀，而因為美股市場夠龐大且成熟，所以有非常多低成本ETF可供選擇。

書末對於投資人如何保有正確的投資心態也做了精彩論述，許多很棒的觀點值得參考。要知道，有正確的投資觀念，比去找什麼聖杯投資標的更重要，能夠在市場上長期存活才是贏家，而在市場上要能長期持盈保泰，有正確的投資心態與觀念才是關鍵，知道自己的風險承受程度，正確地進行資產配置（例如現金、黃金、債券之類的配置），可以讓你不會隨著市場情緒追高殺低，做出錯誤的決策，穩定累積資產，享受市場帶來豐厚報酬。

祝福閱讀此書的朋友皆能夠建立正確的投資觀念，選擇適當的投資標的，成為人生贏家。

推薦文

做個優游自得的投資人

雷浩斯◎價值投資者、財經作家

會認識 Jenny，是因為我的醫生朋友說：「有個『JC 財經觀點』粉絲頁文章很棒，推薦你看。」我就搜尋這個粉絲頁，並花很多時間看文章，發現內容非常豐富，其中一篇探討巴菲特買股票和收購公司的差異，這個主題正好我剛研究完畢，於是我留了言。

隔天，Jenny 就發訊息和我聊了起來。我們很聊得來，後來他們夫妻倆還請我吃飯（請我吃飯很不划算，因為我吃不多），我們很快就變成很好的朋友，因為我們都是投資人和愛書人，投資和閱讀的風格都很接近，共同話題當然不少。

英雄所見略同

Jenny 讓一般讀者印象最深刻的，是她驚人的閱讀量和文章寫作量。我自認是個閱讀機器，讀書量不會輸給任何人，唯一讓我直接認輸的人就是她。有寫過文章的人都知道，能夠快速且有效地閱讀和產出文章並不容易，以 Jenny 的寫作量來說，我還沒看過比她行的，輸給她完全不丟臉。

閱讀是 input，寫作是 output，從這兩點可以看出一個人聰不聰明，但是要看出有沒有深入思考，則是要看他所問的問題。

有一次 Jenny 問我：「為什麼巴菲特不買耐吉，這完全符合他的標準啊？」我也有一模一樣的問題，只是從來沒人跟我討論過。這個問題重要的點在於大多數人只會重複敘述巴菲特的持股，很少有人找到符合巴菲特標準卻還沒買的投資標的。

我當時回她：「也許是因為反壟斷法的關係，因為波克夏旗下也有跑鞋公司。」但耐吉是一家很棒的公司，我讀過耐吉創辦人的自傳，很喜歡這個創辦人，自己也穿耐吉的鞋子。只是我沒開美股戶頭，所以沒辦法買耐吉的股票。當耐吉股價下跌時，我買了它的代工廠「豐泰」，這檔持股讓我獲利頗豐。後來我才知道，Jenny 買入耐吉公司股票的時間點和我買入豐泰的時間點差不多，當真是奇妙的巧合和判斷。

而後我舉辦了許多網聚活動和年度聚會，Jenny 總是非常捧場，有時候擔任講者，有時候以ＶＩＰ的身分參與。我的粉絲們也百分之百樂於看到她，她總像個鄰家女孩一樣樂於分享所知，就像《美股投資學》這本書的內容一樣。

讓投資美股變簡單

我沒有投資美股的主要原因是對資訊取得與了解太少，這也是許多投資人會遇到的問題。但現在投資市場的環境已經大幅度改善，投資美股的方式變得簡單許多，你可能會遇到的問題像是券商開戶、海外稅務、主要的美國企業介紹……等等，都能在這本書裡看到。

本書更提供了許多美股公司財務分析個案，有我熟悉的 Adobe（我可是忠實用戶），也有我不熟悉的商業模式（例如使用訂閱制的公司，該注意的財務指標及計算公式），還提供了基本面投資人該知道的各種財報說明，例如10－K、10－Q以及很多投資人都會看的13F。這些介紹大幅降低了投資人搜尋知識的時間成本，包含我在內！如果我之後開美股戶頭，必定會讓這本書出現在我的桌上。（順便一提，如果我開戶應該會買波克夏、耐吉和蘋果公司，畢竟我們要買你所買、買你所愛。）

美股和台股當然有差別點，但是也有共同點，很多人的想法會卡在其中一端，有些人則不會。想要了解一個人是否具備非凡的腦袋，就要看他能否在兩種不同的看法中優游自得，而 Jenny 就是這種人，你也可以成為這種人。

投資美股，請由本書開始，除了充沛的知識之外，你還可以得到投資的樂趣。

推薦文

開闊視野的投資之作

Jay Chiao◎JC Capital執行長

讀懂財經，全球觀點

在自媒體逐漸興盛的年代，二〇一六年，我們成立了「ＪＣ財經觀點」。當初的想法，是經由介紹國外的經典投資著作、最新的財經出版品、報章雜誌的優質內容和即時的財經趨勢，撰寫成文章心得，藉此達到推廣閱讀、傳達正確投資觀念的目的。

還記得當初瑞・達利歐（Ray Dalio）的鉅著《原則》（*Principle*）在亞馬遜僅上架三天，Jenny 就已經讀完原文，同時完成了三篇心得。在國內還沒有中譯本的情況下，能領先把最新資訊和知識傳達給讀者、開闊投資人的視野，便是我們的初衷。而當時《原則》

的心得，也為我們的網站注入不少流量，使「ＪＣ財經觀點」扎穩了根基，也讓Jenny更有信心地朝這樣的目標前進。

在《原則》之後，Jenny又陸續介紹了保羅．桑金（Paul D. Sonkin）和保羅．喬森（Paul Johnson）合著的《哥倫比亞商學院必修投資課》（*Pitch the Perfect investment*）、席拉．寇哈特卡（Sheelah Kolhatkar）的《黑色優勢》（*Black Edge*）等書。由於翻譯整本書要花相當長的時間，Jenny讀完原文後，透過羅列重點、提出觀點的方式解析作品，受到愈來愈多讀者的肯定，也使得粉絲團按讚人數逐步成長，網站更是累積了數百篇心得文章。而將書本中的觀念融入實戰投資這樣的風格，也成為了ＪＣ財經觀點獨有的特色。

結合基本面與技術面，一套完整的投資系統

二〇二〇年在各國央行寬鬆的貨幣政策下，全球興起了一股投資熱潮。在資金氾濫的情況下，投資幾乎成為全民運動，人人對於投資知識的渴求，達到了前所未有的地步。在網路發展成熟、國際化環境的推動下，網飛、Uber、特斯拉等美國公司提供的產品和服務，早已融入每個人的生活中，使得美股不僅成為大家茶餘飯後討論的話題，更成為資產配置的最佳選擇，而Jenny的《美股投資學》在此時出版，可以說正是時候。

《美股投資學》從美股的基本規則談起，再從商業模式切入，並以財報分析為底，輔以技術面判斷買賣點，為投資人建構了一套完整的投資系統。從字裡行間不難看出，這是Jenny累積了驚人的閱讀量和財經知識所呈現出來的成果，同時也是她結合了十多年企業經營的資歷和實戰投資經驗，所淬煉成的一本著作。

全書架構完整，透過大量的案例，帶投資人一步一步了解美國企業的獲利模式，分析拆解其中的關鍵數字和指標，無論是傳統的舊經濟公司或是趨勢上的新產業，書中都有完整探討。內容全面且扎實，可說是錢進美股最好的一本工具書，相信看完本書的讀者，都能對美股市場有更深一層的認識，進而建構一套自己的投資哲學。

美股投資學｜目錄｜

推薦文

前言

很高興在沒有保證獲利的書名加持下，你還願意翻開這本書，表示對於投資的想法我們是站在同一陣線，擁有同樣的價值觀，了解面對市場時應保持謙虛，面對不確定性保持警戒，才有辦法在任何時間點都做出理性、正確的決策，一起擁抱穩健獲利，踏上美股投資的美好旅程。

這不是一本告訴你如何從美股迅速致富的書，也沒辦法讓你在短時間內獲得財富自由，而是與你分享我近十年投資美股所累積的經驗與方法，讓每一位想要參與美股市場的讀者，透過這本書可以省下我當初進入美股市場時摸索的時間，更快地找到專屬於你的獲利模式。

不管你是屬於哪一種投資人，我認為這本書很適合你。股神華倫・巴菲特（Warren Edward Buffett）曾說，投資是用一位經營者的眼光去看待一家公司。買一間公司的股票，就是擁有這家公司所有權的一部分，跟著公司未來的成長一起獲利，這才是所謂的價值投資。而美股正是實踐這套投資哲學最好的地方，擁有眾多值得長抱的好公司，只要你願意跨出第一步，絕對會在未來實際嘗到獲利的果實。

我比大家幸運的是，在更早時候就參與了這個市場。十六年前從投資台股開始，也曾經操作海外期貨與外匯保證金，到最後決定專注在美股市場，當中的每一個嘗試與決定都是在不斷地了解自己與挑戰自己，尋找印證自己的假設與獲得滿意報酬的成就感。

商科背景的我，從學生時代對企業管理與投資理財就有高度興趣。我時常在想，到底我們從書中所學習到的理論，是不是真的可以實證在投資市場上？還記得我在修總體經濟學這門課的時候，教授當著全班同學的面說她投資股票從來沒賺過錢，我那時在想，連一個經濟學博士都沒辦法戰勝市場，我們為什麼還要學習這些知識？

不過，實際開始投資之後就發現，買股票不是拿出一本說明書照著操作就能賺錢，而是一個動態發展、自我鞭策與成長的過程。所有的投資都是從模仿開始，累積交易經驗，並從失敗中學習，最後找到適合自己的方法才能持之以恆。

危機之後，更加存在風險意識

回想一下，你買入第一張股票的原因是什麼？大概都是聽某個人說某家公司好、股票會上漲就下手買了吧。其實我也是，剛開始投資時懵懵懂懂，根本不知道什麼是價值投資、怎麼估值，也沒有自己的交易策略。還記得我在二〇〇八年金融危機之前，因為營業員的推薦，買入了當時還是寶來證券（現為元大寶來證券）發行的「羅素二〇〇〇基金」，這應該算是我「第一次」接觸美股吧。

羅素二〇〇〇指數的主要成分股是市場上的中、小型股，在當時美股市況熱絡的情況下，買入之後很快就獲利達二〇%以上。當時的男友，也就是現在的老公Jay從《經濟學人》（*The Economist*）雜誌讀到美國的次貸危機似乎即將引爆，催促我先落袋為安。由於報酬率已經超出我的預期，因此沒考慮太多就將基金贖回獲利了結，沒想到真的躲過了金融危機的崩盤，算是相當幸運。

直到二〇〇九年股市開始從低點復甦，記得是三月，大盤還在四千多點左右，許多股票的價格都跌到谷底，但似乎也沒有持續下探的壓力。我開始在低檔買入，等待市場復甦，而這些公司後來都讓我賺進了超過一倍以上的獲利。

雖然當時對於投資也沒有特別用心研究，但經歷了金融危機後讓我了解到，投資市場上任何樂觀的情緒、美好的事情都有可能發生意外，再瘋狂的行情終究會有結束的一天。而且似乎沒人可以準確預測危機來臨的確切時點，如果沒有時時提高警覺，很容易就會被過度樂觀的心態所影響，做出後悔的決策。到現在，這樣的風險意識仍保存在我的投資哲學中。

證所稅讓台股量縮，正式投入美股

我就這樣操作台股一直到二〇一二、一三年都還很順利，當時我們採用的方法是透過技術分析與股價型態來進行投資決策，也就是不看基本面好壞，當股價開始發動，突破壓力區或創新高價時就買入股票，跌破支撐時則賣出股票，嚴守這個紀律來停利停損。不過，當時證所稅的施行效應逐漸浮現，台股成交量大幅萎縮，每日平均成交量從一千億元以上逐步下降，有時甚至只有五、六百億元的成交量。想要追強勢股，沒有量又怎麼會有動能呢？結果這個方法反而發揮不出應有的效力，迫使我們找到新的方法來應對新的投資環境。

我先生當時已經開始操作海外期貨，他認為要投資賺錢，就不能把自己局限在一個市場裡，也不該局限於一個只會做多的交易者，而應該彈性運用投資工作來創造最大報酬。記得我當時看了《炒匯王：賣在最高點》這本書，作者是日本炒匯女王鳥居萬友美，她利用技術分析來進行短線外匯交易，賺到相當不錯的報酬，完全符合我當時的交易策略，於是開始研究外匯保證金的交易。

外匯保證金是利用高度的槓桿來進行外匯交易，不同的平台可以融資的比率不同。當時有很多平台都能交易外匯保證金，但是我選了安全性最高的盈透證券（Interactive

Broker，簡稱IB）來開戶。後來有些外匯交易平台因為承受的風險太高，禁不起匯率突然大幅波動而倒閉，讓投資人血本無歸的事件不少。

盈透證券是美國的上市公司，連續幾年評選為最安全的網路券商之一。台灣投資人開盈透證券帳戶的優點是方便，只需要線上填寫申請單即可，一旦開戶通過後，就可以進行交易。盈透證券上可交易的商品非常多，包括外匯保證金、美國股票、歐洲股票、亞洲股票與債券等一應俱全，如果想要進行資產配置，一站就可以搞定。

我在操作一陣子外匯保證金後，因為同一個帳戶也可以買進美股的上市公司股票，於是我就像一般投資美股的新手，開始買進自己熟悉的公司，包括蘋果（Apple，美股代號AAPL）、星巴克（Starbucks，美股代號SBUX）、耐吉（Nike，美股代號NKE）等公司。隨著時間經過，手上的標的愈來愈多元，除了日常生活中常見的品牌，也開始研究與買進科技股，然後是這兩年最熱門的雲端股。跟著產業趨勢的發展，我找到更多公司前景看好、股價型態強勢的成長股，跟著美股這段大多頭，我賺到不錯的獲利。

從經營者角度出發，找到值得投資的好公司

巴菲特的老師、價值投資之父班傑明・葛拉漢（Benjamin Graham）曾說：「用做生

意的方式來投資，是最聰明的方法。」擁有一家公司與擁有這家公司的股票並無不同，也應該採取相同的心態。巴菲特自認是一個生意人，所以能做好投資；同時他也是一個投資人，所以能做好生意。

我除了投資以外，也經營公司，因此日常營運中包括管理、產線規畫與客戶接洽等工作讓我相當忙碌。管理就和投資一樣，不是拿出一本說明書照著做就能成功，你會遇到各種預期之外的狀況必須解決，大多數的時間都在思考該如何把公司的運行變得更有效率，在提升產能及獲利能力之外，還可以為股東創造更多價值，讓每年都可以派發令人滿意的分紅。所以看到葛拉漢這段話時特別有感觸，促使我將這樣的觀念也套用在美股投資上。

我認為，如果今天我用經營公司的角度去剖析一間想要投資的公司，或許我也能擁有比其他人更多的優勢，找到一間值得投資的好公司。從那時開始，我在看公司時，一樣從產業、財務、管理這幾個面向來評估一間公司的真實價值，同時觀察是否正在產業趨勢上、具有營運效率、獲利能力佳、可以產生穩定現金流與優異的管理層，這些是一間好公司的基本特質，也是進行投資決策時的關鍵因素。

用這樣的方式投資美股，除了能讓你在思考時具有宏觀的視野、清晰的邏輯與可依循的原則，更重要的，你是在真正了解這家公司，並認同公司的核心理念後才買進股票，將自己視為公司的所有權人，把長期持有當成是一個正確決策下的結果，而非買進公司的理由，也才是我心中真正認定的價值投資哲學。

第一部

前進美股新世界

為什麼每個人都該前進美股市場？

美股市場是除了台股以外與我們最親近的市場，

許多我們熟悉的大品牌都是美股的上市公司，

也是投資人最容易了解的市場。

若以投資的角度來看，

將資金分散配置在國際市場，

美股可說是最好的選擇！

第1章
台股很好，多一個資產配置選擇更好

投資美股後，最常被問到的問題是：投資台股不好嗎，為什麼會想要投資美股？

台股當然有很多好公司，但是當我開始投資美股之後，我認為美股市場真的又是另外一個不一樣的世界，潛藏的商機無限，有太多值得探索的事物等待被發掘。就好比中華職棒晉升大聯盟、從台灣超級籃球聯賽（SBL）晉升到美國職籃NBA的殿堂一樣，面對更強勁的競爭對手，也感受到自身實力快速進步。

熟悉的大品牌，最容易了解的市場

為什麼我認為每個人都該前進美股市場，在科技日新月異、靠一支手機就可以與世界接軌的時代，獲取資訊的能力大幅提升，有更多管道可以快速掌握公司動態。尤其美股市場是除了台股以外與我們最親近的市場，許多我們熟悉的大品牌都是美股的上市公司，也讓我們更容易去研究。

若以投資的角度來看，觀察近十年的股市表現，美股也是全世界最強的資本市場。以大盤指數的ＥＴＦ報酬率來觀察，「標普五百指數ＥＴＦ」（美股代號ＳＰＹ）在過去十年，平均每年為投資人創造約十三%以上的報酬率，以科技股為主的那斯達克指數（NASDAQ Composite Index，美股代號ＩＸＩＣ）更是每年創造十七%以上的報酬率，而台股的「元大台灣50」（交易代號0050）則每年創造約一〇%的報酬率。台灣投資人為了避免將資金投入在單一市場，承擔政治或經濟情勢變化帶來的風險，將資金分散配置在國際市場，美股可說是最好的選擇！

除此之外，美股市場還有許多其他國家股市沒有的優點，包括：

一、**美股是全世界最大的資本市場**：由於美股是全世界最大的資本市場，吸引許多具有成長潛力的公司來掛牌。很多知名的新創公司都希望能到美股上市，以爭取市場的關注度與投資人的青睞。除此之外，美股市場的交易量大，流動性非常好，不管是想要做多或做空股票都不需要擔心沒有成交量，讓投資人的操作策略可以更加多元化。

二、**美股的監管嚴謹，保護投資人權益**：美股的資本市場發展悠久，所以能夠提供給投資人的保護也更完備。像是美國證券業的最高機構「美國證券交易委員會」（U.S.

Securities and Exchange Commission, SEC）會負責監督市場，要求上市公司提交財報、大股東買賣申報等資訊揭露，維持市場效率與經濟的正常運行。

三、**投資商品選擇多元，策略調整相當彈性：**美股的券商平台功能相當齊備，交易商品十分多元，只要一個帳戶就能買賣股票、ETF、債券、選擇權、期貨與外幣等資產。而且美股投資通常是採取保證金帳戶交易，用三〇％的保證金便可以開始交易。而當你持有的資產市值超過帳戶裡的現金，則會自動開啟融資功能，滿足任何投資人的需求，讓資產配置達到最佳化。

踏入美股市場，讓我看得更長遠

除了帶來令人滿意的獲利這個好處外，研究美股為我帶來更大的附加價值，使我對於這個世界的變化變得更敏銳，在研究的過程中更能掌握趨勢的脈動，眼界變得更寬廣，看事情的角度也更全面與客觀。

過去投資台股時，閱讀財報常常會需要「測字」，因為公司在供應商或客戶列表時常常使用A公司、B公司來代表，而不敢直接寫上對方的公司名稱。但這個問題在看美股財報時幾乎不會發生，通常財報上對於每個細節都相當清楚明瞭，投資人一看就能了解整家公司的營運狀況。

為什麼會有這個情況發生？主要原因就在於美股的上市公司幾乎是品牌大廠、平台公司，具有最強的競爭地位，當然什麼都敢攤在陽光下給大家看。例如蘋果公司每年都會公布供應商名單，不就是因為它握有訂單的主導權，可以決定要把訂單下給哪家公司，而接單的公司除非如台積電這樣具有難以超越的技術能力，也只能靠價格競爭來分食蘋果這塊大餅，營運上真的比較辛苦。

此外，美股中有許多歷史悠久、營運良好的百年企業，這些公司擁有無法取代的商業模式，因此能在產業中長期占據了領導地位。例如寶僑（P&G，美股代號PG）、3M（美股代號MMM）、可口可樂（Cocacola，美股代號KO）、耐吉等公司，除了靠品牌優勢賺取穩定的收益與配發股息，為股東帶來豐厚的報酬，也持續地投入研發、創造新的商品與服務，帶來成長動能。

美股中許多公司的研發能力都非常強，尤其是科技巨頭對於未來科技的投資更是不遺餘力，包括電動車與自動駕駛、人工智慧、金融科技、生物科技與雲端服務等領域，都有公司在美股中掛牌上市。

針對看好的產業，投資人可以選擇明星個股來投資，例如電動汽車和太陽能板公司「特斯拉」（Tesla，美股代號TSLA）、繪圖晶片大廠「輝達」（Nvidia，美股代號

ＮＶＤＡ）、電子支付公司「Square」（美股代號ＳＱ）等高速成長股，也可以買入相關的ＥＴＦ，投資一籃子產業中的公司，跟著他們的發展一起獲利。

由於技術的進步，帶動企業轉型與消費升級，這些產業的發展都仍在高速發展中，如同一輛賽車奔馳在寬廣的賽道上，讓賽車手可以緊踩著油門狂奔。資金如同車子源源不絕的能源，讓這些美股公司的成長動能可以延續，股價長期趨勢向上，更適合長期持有。也因為如此，在研究這些公司時，我都用更多元的角度去看待它們，以一個更長遠的眼光去思考公司的未來，在腦中描繪所有可能的情境，並試著找出答案。用這樣的方式讓投資人在研究的過程中持續開拓眼界，更能夠接納這個世界的高速變化。

第2章

新手進入美股的第一張地圖

對現在的投資人來說，投資美股市場已經不是一件遙不可及的事。過去許多投資人對於前進美股市場的障礙，不外乎是不知道如何開戶、英文程度不好、蒐集美國上市公司的資訊較困難等問題，儘管知道美股中有許多知名品牌企業，多數投資人仍然遲遲不敢下手。

但現在這些疑慮都已經逐漸消除，不管是台灣券商的複委託服務，讓你使用自己熟悉的券商下單軟體就可以買進美股，海外的大型網路券商也都提供了中文化的下單軟體以及中文客服，讓你在任何時間有問題時都能直接聯繫解決。以我過去的經驗，海外券商的客服非常強大，幾乎所有問題都可以即時處理，客戶體驗非常良好。

如果擔心把自己的錢匯到海外帳戶會有風險，建議可以先開立一個台灣的複委託帳戶。早點開始投資，就可以早點開始累積資產，早點達到理想中財富自由的目標。

美股券商比較

目前投資美股主要有兩種方式，第一種是直接在海外的網路券商開立帳戶，另一種則是由券商提供的複委託服務，即投資人不需要再開立海外帳戶，而是委託國內券商幫你買賣國外的股票，好處是如果原本就有買賣台股，國內券商大多提供複委託服務，開通手續簡便。投資人可以根據自己的需求，選擇最有利的券商來進行交易。

以我常用的網路券商來說，主要有盈透、德美利（TD Ameritrade，簡稱ＴＤ）與複委託帳戶，主要的差異在於手續費、可交易商品與融資成本。

主要特色

由於美國許多券商包括德美利、第一證券（Firstrade）與嘉信證券（Charles Schwab）都已經實施買賣股票、ＥＴＦ零手續費的服務，新手投資美股時，建議從這些低手續費的券商開始，降低自己的交易成本。

而不敢把資金匯出至國外銀行的投資人，可以選擇台灣券商的複委託服務，雖然手續費較高，至少早買早享受，優先享受股價上漲的好處，一旦開始從美股中獲利，相信就有充分的動機去尋找更好、ＣＰ值更高的服務。關於券商特色比較請參表１。

表 1　網路券商特色比較

	盈透證券	德美利證券	複委託
中文客服	有	有	有
開戶門檻	無	無	無
手續費	• 每股 0.005 美元。 • 低消 1 美元，上限交易額 1%。 • 限定某些ETF免手續費。	股票、ETF 零手續費。	• 每股 0.5%-1.0% • 低消 20-40 美元
適合對象	• 極多元交易者 • 融資需求高	新手投資入門	低頻率交易投資人
特色	• 帳戶淨資產小於 10 萬美元，收取帳戶維護費為 10 美元。 • 交易手續費可扣抵維護費用。	介面簡單易懂（2020 年與嘉信理財合併）	資金在國內進行配置

資料來源：各家券商／作者整理

可交易商品與融資利息

如果主要以美股市場為主，德美利所提供的可選擇標的就已經完全足夠。但是如果希望布局多市場的投資人，目前盈透提供三十三個國家以上的市場進行交易。而台灣券商也提供了包括美、港、日、滬港通等國家的股票給投資人選擇。

除此之外，由於美股券商多以保證金交易，投資人只要擁有三成資金就能買進股票，並允許向券商融資來買股票，還可利用槓桿提升投資報酬率。舉例來說，如果你帳戶中的淨資產為兩千美元，從券商融資兩千美元，便可以購買價值四千美元的股票。

表 2　交易市場、商品種類、融資利息比較

	盈透證券	德美利證券	複委託
可交易市場	33 個國家，135 個市場，包括美、中、日、韓。	美國與加拿大市場	美股、港股、日股、滬港通（依券商會有差異）
可交易商品	股票、ETF、選擇權、債券、外匯、期貨等	股票、ETF、選擇權、債券、外匯、期貨等	股票、ETF、基金、債券
融資利息 *	0.86% - 1.59%	7.5% - 9.0%	不能進行融資交易

* 融資利率會隨券商規定而變更。
資料來源：各家券商／作者整理

以融資買入股票，會因為槓桿的關係而放大收益，也會因為槓桿而放大損失。當帳戶中投資組合下跌、導致保證金低於券商要求的水準時，會被催繳與被迫停損，是投資人應注意的風險之一。

投資人在開戶時，務必先了解券商的保證金要求與融資利息。目前海外券商的利息以盈透提供的利率最低，融資成本也最低，但台灣複委託券商無法使用融資交易，相關比較請參表 2。

存款人權益保障

為加強保護存款人及維護金融秩序，中央存款保險公司規定，金融機構須提供每一個存戶新台幣三百萬元的存款保障來保護存款人。而若將資金匯到國外券商進行投資，美國證券投資人保護組織（Security Investors Protection Corporation, SIPC）同樣也會提供投資人一定程度的保障。

表 3　網路券商對存款人保障之比較

	盈透證券	德美利證券	複委託
主管機關	美國證券投資人保護組織（SIPC）	美國證券投資人保護組織（SIPC）	中央存款保險公司
保障內容	50 萬美元資產，現金部分上限 25 萬美元，外加券商額外保障。	50 萬美元資產，現金部分上限 25 萬美元，外加券商額外保障。	新台幣 300 萬元

資料來源：各家券商／作者整理

當券商發生財務風險、陷入倒閉危機時，只要是在美國合格券商開戶的投資人，都享有證券及現金部位五十萬美元資產的保障，其中現金部分的上限為二十五萬美元，另外再加上券商額外提供的保額（參表3）。若是資金規模較大的投資人，也可以將資金進行分散配置，降低風險。

那麼，該如何查詢券商是否為美國合格登記的券商呢？投資人可以至「美國金融業監管局」（The Financial Industry Regulatory Authority, FINRA）網站或「美國證券投資人保護組織」網站的會員名冊進行查詢。

美股市場的遊戲規則

在進入美股市場之前，了解遊戲規則是最重要的第一步，如同一個人在學開車之前，必定得先讀過交通法規，才能避免正式上路時誤觸規定。遵守規則、安心上路，讓你可以更快抵達目的地，而在投資這趟旅程中，了解規則是讓你更快抵達財富目標首要條件。

所以，美股市場中有哪些遊戲規則（參表4）是投資人應該要注意的呢？

一、**交易時間**：一般來說，美股的交易時間是台灣時間的晚上九點半開盤，直至隔日凌晨四點。若遇到冬令時間（十一月至隔年三月），則會延後一個小時，變成晚上十點半開盤，直至隔日凌晨五點收盤。在這段時間內，股市交易非常熱絡，盤中交易量也非常大，享受看盤的樂趣是投資美股的好處之一，但是不要誤會，除非是做當沖交易，否則完全不需要盯盤。美股中有許多營運穩定、獲利成長的好公司都值得長期持有，投資這些公司來享受複利的力量，才是投資美股的終極目標。

二、**交易單位**：投資台股時，一般是以「一張」股票（等於一千股）作為買賣單位，但到了美股市場，投資單位以「一股」為計算單位，而不需要再計算買一張需要多少資金。舉例來說，若某公司的股價為十美元，那麼買入一股的成本就是十美元。這對小資族來說更為有利，因為可以利用定期定額的方式，持續買進好公司的股票，積少成多，累積下來的成果可是很驚人的！

三、**漲跌幅限制**：與投資台股最大的不同，在於台股的股價每天有漲跌幅一〇％的限制，但美股沒有漲跌幅限制，所以在遇到重大事項宣布、財報公告日時，股價會有非

表 4　美股交易時間、單位、手續費、漲跌幅限制整理

交易時間	**開盤時間：** 美國夏令時間：晚上 21：30 ～隔日清晨 4：00 美國冬令時間：晚上 22：30 ～隔日清晨 5：00
	盤前／後時間： 盤前交易：4:00 到開盤時間 盤後交易：收盤到 8:00
交易單位	最小交易單位為 1 股
交易手續費	許多海外券商提供交易 0 元手續費優惠
交易漲跌幅限制	無

常大的波動。這也證明了美股是個極具有效率、不會被特定人影響股價的市場，只要公司的基本面良好，股價長期向上的趨勢就不會被輕易改變，也讓投資人更有信心持有股票。

四、交易手續費：與投資人的長期報酬率最相關的一個關鍵，就是交易成本。交易手續費對長期投資人來說可能占比不高，但對於持續買進股票、交易頻率較高的投資人而言，絕對要納入決策的考量因素，避免賺了股價，卻被交易成本吃掉大部分的報酬。不過幸運的是，在科技的進步與市場環境的競爭下，目前許多海外券商都提供了投資美股與ETF「零手續費」的服務，節省了大筆手續費，讓投資人的資產累積更有效率。

五、交割日與當沖限制：開立美股帳戶時，券商會提供兩種帳戶給投資人選擇，一種是現金帳戶，另一種是融資（保證金）帳戶。如果選擇開立現金帳

表 5　美股交割與當沖規範

	美股交割日	美股當沖限制
現金帳戶	股票交割時間為 T ＋ 0，資金交割時間為 T ＋ 2。交易後第三個工作日完成清算交割，資金交割完成後才能再使用。	• 現金帳戶進行日內交易會受到一定程度的限制。 • 現金帳戶可使用未交割資金買進股票，但需在原本資金交割完成後才可以賣出。 • 現金帳戶使用交割完成的資金可進行日內交易，買入的股票可隨時賣出，無任何限制。
融資（保證金）帳戶	股票交割時間為 T ＋ 0，資金交割時間為 T ＋ 2。股票平倉後的資金馬上就能再使用。	• 美國證交會規定，當融資帳戶淨資產不足 25,000 美元時，連續五個交易日內只允許進行三次日內交易。 • 當融資帳戶的總資產大於 25,000 美元時，帳戶可以進行無限次的日內交易。

資料來源：各家券商／作者整理

戶，券商對於交易的限制會更嚴格，避免發生違約交割的情況。而多數投資人會選擇融資（保證金）帳戶，使用合理的槓桿進行交易，當購買金額未超過帳上現金額度時，券商是不會向投資人收取融資利息的，但如果超過現金額度，就會針對券商公告的融資利率來收取利息。這些都可以在網站上查詢，或直接詢問中文客服，得到最立即的回應。

表5是現金帳戶與融資（保證金）帳戶對於交割日與當沖的規範，要特別注意的是，如果開立的是現金帳戶，當帳上沒有現金、想要換股操作時，一定要等股票賣出後且資金交割完成才能再買進其他公司的股票，

不然券商會暫時把帳戶停權，等待一段時間後才能恢復交易。

美股股息的配發

美國股市中有許多值得長期持有的好公司，由於營運穩定，現金流也相當充沛，通常每年會以股息或回購股票的方式，將這些現金回饋給持有公司股票的股東，讓股東除了享受長期股價上漲的資本利得外，還可以獲得股息連年成長的好處。

一般來說，美股中絕大多數的公司都是「每季」配息，一年配發四次股息，甚至有些公司是「每月」支付股息給股東，讓投資人每個月都有一筆額外的現金流可領。因此，如果投資人想要參與除息，應該留意公司所公告的四個日期，請參表6。

其中最需要關注的的日期是「除息日」。想要領到每季（或每月）發放的股息，投資人必須在公司的除息日之前買入股票，如果不小心在除息日之後才買入股票，則必須等到下一次的除息日才能領息。

表6　參與除息的四個重要日期

日期	事項
宣告日（Declaration Date）	公司宣布除息日與配息日。
除息日（Ex-Dividend Date）	想要領配息，務必在除息日前持有股票。除息日當天開盤後，配息會從股價中扣除。
登記日（Record Date）	除息日之前持有公司股票的股東，才會被登記在公司名冊上。
配息日（Payment Date）	股息正式發放給股東的日期。

搞懂美股投資稅務

稅務是投資人相當關注的問題之一，首先要知道的是，投資美股是沒有「資本利得稅」，也就是即便買到一檔股價飆漲、連年翻倍成長的公司，也不需要為了獲利而支付額外的稅賦。在充滿成長潛力股的美股市場中，這對投資人來說是一大優勢。

不過，當海外所得超過台幣一百萬元，還是需要向台灣的國稅局進行所得申報；若是超過台幣六百七十萬元，則除了申報之外還須繳納額外稅款。這點是投資人必須特別注意的地方，避免漏報海外所得。

除此之外，雖然資本利得免稅，但若投資有支付股息的公司，在收到股息時，券商會預扣三〇%股息稅。舉例來說，如果公司支付每股一美元的股息，則投資人收到的股息為1－（1×30%）＝0.7美元（相關稅務說明請參表7）。

有些投資人會覺得預扣三〇%的股息稅相當重，而不

表 7　各項稅務規範

稅務名稱	稅務規範內容
資本利得稅	• 稅率 0%。 • 資本利得為免稅，但台灣投資人須依規定填寫 W-8BEN 表格。
股息稅	• 稅率 30%。 • 領到股息前會先預扣 30% 股息稅，投資非美國公司的稅率則依註冊國家而有不同。
利息稅	• 稅率 0%。 • 投資債券的利息免稅。
遺產稅	• 稅率 0%~35%。 • 外國人在美國遺產稅的免稅額為 6 萬美元，超過的部分採累進稅率計算，最高達 35%。台灣複委託帳戶可以委由券商協助辦理。
海外所得稅	• 稅率 0%~20%。 • 以「戶」為申報單位： 申報戶所得＜台幣 100 萬元者不需申報； 申報戶全年海外所得總額≧台幣 100 萬元者，須全數計入基本所得額 *； 基本所得額＞台幣 670 萬元者須繳稅。

* 基本所得額＝綜合所得淨額＋海外所得＋特定保險給付＋未上市股票與私募基金受益憑證交易所得＋非現金捐贈金額＋分開計稅之股利及盈餘。

資料來源：美國國稅局、財政部賦稅署／作者整理

願意去投資美股中的股息成長股，我認為這是相當可惜的一件事，理由如下：

一、美股的公司股息殖利率通常偏低，目前標普五百指數的平均股息殖利率約一．六%，甚至許多高成長性的公司都不發股息，大都運用股票回購方式將現金返還給股東，所以對整體報酬率的影響不大。如果真的不想支付股息稅，還是有很多其他的好公司可以選擇。

二、投資美國公司的股票與ETF都需先被預扣三

〇%的股息稅，但若是投資在美國上市而非註冊於美國的公司，則會依據註冊國家而有不同的稅率。例如投資於台灣在美股上市的公司預扣的股息稅率是二〇%，投資於英國公司的股票股息稅為〇%，投資於中國公司的股票則為一〇%。

三、美股的公司除了可持續支付股息外，能夠持續每年提高股息的公司也比比皆是。舉例來說，可口可樂的股息已經維持了連續五十七年成長的紀錄，每年配發的股息都比前一年還多，累積下來，其實付出去的股息稅僅是可獲得報酬的一小部分。

四、即使是投資台灣股市的股息所得，超過兩萬元就得扣繳補充保費以及股利所得稅（併入綜合所得稅或採分離課稅稅率），並不是完全不用負擔稅務。

在這些考量之下可以發現，投資美股需負擔的稅務其實沒有想像中那麼高，也不應是投資美股的阻礙。用更長遠的眼光來思考，在美股中一定可以找到能維持長期競爭優勢的公司來投資，跟著公司成長，一起享受獲利的果實。

建構你的投資組合

了解美股環境與基本規則後，就可以正式投入美股市場，買入人生的第一檔美股標的。但到底要選擇哪個標的、如何建構投資組合，是新手投資人面臨的第一個難題。

讓我們思考一下，一個可以擁有正向循環的投資組合是什麼樣子？

一、**複利成長股：**通常代表公司擁有非常長時間的穩定現金流，並且持續支付股息，讓本金像滾雪球一樣愈滾愈大。投資人可以選擇營運穩定的股息成長股來打造一個現金流組合，享受長期資本市場的複利。另外，只要美國仍是世界上最強的資本市場，在看好美國經濟持續成長下，美股大盤指數ＥＴＦ就是複利成長股的最佳選擇。

二、**穩健成長股：**通常是指穩定營運且在產業中占領導地位、規模較大的公司。這些公司具有優異的獲利能力與穩定的現金流，並且善用這些資本去進行擴張，透過研發與收購等策略來創造成長，並透過回購股票或股息回饋給股東，激勵股價持續向上，讓投資人享受到優於大盤的資本利得。

三、**高速成長股：**不同於複利成長股與穩健成長股，高速成長股通常仍處於虧損狀態，股價卻可以呈現爆發式的成長，短期內創造巨額的投資報酬。這是因為這些公司處於新興產業，營收成長率極高，但為了搶占市場，公司只好把獲利再用於投資、研發與行銷上，使得短期內雖然無法盈利，市場卻願意給予高估值。

運用以上三種不同的資產特性來規畫投資組合，投資人可以用大盤指數作為投資組合的基底，將在高速成長股中賺取的獲利，再分別投入於大盤指數與穩健成長股，打造一個正向循環的投資組合。

舉例來說，資金規模大的投資人與資金規模小的小資族，在投資的策略規畫、資產配置上就會有所不同。先思考一個問題，你覺得一百萬的一％和一億的一％一樣嗎？以百分比來是看一樣，但換算成金額就差很多了！小資族的進出對市場完全沒有影響，在資金配置會更靈活，一旦資金規模愈來愈大，要考慮的面向就愈來愈多，包括年齡也是影響投資組合的重要因素，年輕人還擁有旺盛的勞動力來創造收入，試錯成本比較低，也可以承受較大的風險，更適合打造一個積極型的投資組合，提高在高速成長股的配置比重，並把賺得的獲利配置到大盤ＥＴＦ上，長期投資來累積資本。而年紀較大、甚至已經退休的投資人，則應著重於穩健型的投資組合，降低報酬的波動率，打造一個具有持續現金流入的投資組合。

另外，如果你想成為為全職交易者，與擁有本業、把投資當做額外收益來源的投資人在投入研究的時間也有極大差異。少數投資人將投資視為謀生職業，大多數的時間用於研究投資，尋找最好的投資機會、擇時進出市場，並在風險可控的情況下，追求最大的絕對報酬。

不過，多數投資人的情況則相反，與其頻繁地盯盤，更希望讓投資單純化，獲取合理且穩定增長的報酬，讓未來的退休生活品質可以更好。因此，完全沒時間看盤的投資人可以選擇將資金配置於大盤的ＥＴＦ，獲取長期平均報酬。而對於主動投資有興趣、希望自行挖掘好公司的投資人，則可將部分資金進行配置來增添報酬率。

不同類型投資人的最佳資產配置

在投資環境與商業環境快速發展與汰換下，不同類型的投資人可以選擇最適合自己的資產配置方式，才能安心地做好長期投資規畫。

而在資產配置的課題上，最為人熟知、也具有歷史回測數據證明的就是「股債平衡策略」，這是將資金配置在股票與債券兩項具有負相關性的資產上，藉以平衡報酬的波動率，創造長期穩定的績效與財富增長。

股票是風險性較高的資產，所以承擔風險下得到的「風險溢酬」更大，比起「固定收益型」的債券商品，股票獲得的報酬比債券更高。但正因為債券具有「固定收益」的特性，所以在面臨意外事件發生、不確定性上揚、風險加大時，具有保護的作用。

積極型投資人通常採用股債比為八比二的配置，而保守型投資人則以自己的風險承受度來進行比例調整，並且定期調整再平衡，例如賣出手上漲多的資產，買進跌深的資產。長期透過這樣的「再平衡」法則，可讓投資組合不會受到市場大幅波動的影響，賺取市場的平均報酬。

除此之外，投資人如果願意多花一些時間研究，也可以考慮在投資組合中加入更具有成長動能的創新元素。方舟投資（ARK Invest）是美國一家專注於破壞式創新的投資公司，旗下擁有五個主要旗艦型基金，投資在包括區塊鏈、人工智慧、機器人、能源儲存與基因序列等熱門趨勢產業下的領導公司，其中最知名的投資案例就是特斯拉的成功，讓創辦人凱薩琳．伍德（Catherine Wood）聲名大噪。

二〇二〇年，方舟投資撰寫了一篇文章，題目是〈重新思考資產配置〉（Rethinking Asset Allocation），文章中討論了「將創新科技納入投資組合」的重要性，並提供公司的回測績效來進行佐證。

將資金配置於整個市場，可以獲得整個市場的平均報酬，而將方舟投資的創新策略注入該投資組合後，在投資組合的風險與波動沒有大幅增加的情況下，可以為投資組合平均每年帶來三．七%的超額報酬。

這與我自己的投資理念相當符合，在原本的被動投資部位加入主動的元素，將看好的趨勢產業加入到整體投資組合當中，為自己帶來額外的報酬。以這樣的方向來思考，穩健型投資人可將資金進行分散配置在大盤指數，而積極型投資人則可提高投資組合中主動選股的占比，藉由挑選好公司、主題型的ＥＴＦ，或直接選擇投資像方舟投資這樣的專業投資公司發行的商品，作為投資組合的配置之一。

從指數投資開始

投資美股一定要認識三大指數，這三大指數具有不同的代表意義，可以綜合評估整體市場的表現。對新手來說，一開始投資的標的也可以從指數成分股中最強的公司開始認起。

大盤指數可以用來判別行情走勢，評估當前市況、版塊強弱與產業趨勢，以下分別說明「道瓊工業指數」（Dow Jones Industrial Average Index，美股代號ＤＪＩＡ）、「標普五百指數」（S&P 500 Index，美股代號ＳＰＸ）與「那斯達克指數」這三大指數的差異與特色。

道瓊工業指數

道瓊工業指數是追蹤美國紐約證券交易所（New York Stock Exchange, NYSE）和那斯達克交易所（NASDAQ）最受市場關注的三十家上市大型藍籌股，也代表美國整體經濟的發展。藍籌股是指擁有可追溯的營運紀錄、是市場上公認最具品牌優勢及財務狀況相當良好的公司，所以道瓊工業指數的成分股通常是一般投資人耳熟能詳的大型企業，包括迪士尼（Walt Disney Company，美股代號DIS）、微軟（Microsoft，美股代號MSFT）、蘋果公司與Visa（美股代號V）等公司。

二〇二〇年道瓊工業指數調整成分股時，加入了雲端產業龍頭「Salesforce」公司（美股代號CRM），曾經紅極一時的能源產業龍頭「艾克森美孚石油」（Exxon Mobil，美股代號XOM）同時被剔除，表示雲端產業在美股中已成為主導經濟的支柱之一，而能源產業則受到嚴峻挑戰。

標普五百指數

雖然道瓊工業指數可被用於衡量美國整體經濟的變化，但成分股只有三十檔，觀察上難免與實際的整體股市狀況出現偏差，沒辦法反應整體市場的狀況。而標普五百指數是由美國五百家最大的上市公司組成，除了市值、流動性之外，還必須符合在外流通股數的限制，以及營運表現連續四個季度都獲利的條件，才足以被納入標普五百指數，代表美國最強的五百家企業。二〇二〇年底，電動車龍頭特斯拉達成連續五季獲利，市值突破六千億美元，也確定被納入到標普五百指數。

投資人應該觀察標普五百指數的變化，因為該指數約占了美國股票市場八〇%的市值，是用來衡量美國大型股最好的指標，可以更真實地呈現美股市場的價值變動。標普五百指數採用「市值加權法」（market value weighted）來計算每家公司在指數中所占的權重，市值愈大，在標普五百指數中的重要性就愈高。

那斯達克指數

那斯達克指數涵蓋在那斯達克交易所上市的兩千五百多家企業，包含了在美國上市的國外企業存託憑證（ADR）、普通股、房地產投資信託等標的，其中將近五〇%的成分股都是科技股，所以被視為呈現科技股表現的代表指標。該指數採用「市值加權法」來計算每家公司在指數中所占的權重，市值愈大，在指數中的重要性就愈高。

不過更多投資人關注的是那斯達克一百指數，該指數涵蓋那斯達克交易所上市、剔除金融股後市值前一百大的公司，更集中於科技巨頭的表現，光市值前五大的公司就占了整個指數四〇%的權重。

那斯達克指數與標普五百指數都是採用「市值加權法」來分配每家公司在指數中的權重，市值愈大的公司所占的權重愈大。美股中市值最大的蘋果公司在那斯達克一百指數中占比為十二・三％，在標普五百指數中占比則為六・七％。

而道瓊工業指數與前兩者不同，採用「價格加權法」來分配每家公司的指數中的權重。公司股價愈高，所占的權重就愈大，對指數的影響也愈大。目前指數中價格最高的「聯合健康保險公司」（UnitedHealth Group，美股代號ＵＮＨ）股價為三五一美元，占指數的權重為七・五％。

從ＥＴＦ投資三大指數

無論是專注於指數化投資、希望跟著大盤成長且穩定獲利的被動投資人，或是在茫茫股海中挑選最佳標的、希望獲取超額報酬的主動投資人，都應該先了解大盤，從指數投資開始，將它納入投資組合之中。

而上述三大指數中，以標普五百指數最能代表美國整體股市的變化。原因在於，與道瓊工業指數相比，標普五百指數的成分股更多，涵蓋的範圍更廣、更分散，因此更具代表性。而與那斯達克指數相比，那斯達克指數以科技股為主，指數的波動幅度也更大。在行情多頭下，三大指數的趨勢同步上漲，代表整體市場呈現強勢的狀態，當其中一個指數的上漲趨勢反轉，投資人也應該密切關注其他兩個指數是否有轉弱趨勢，以評

表 8　追蹤指數的 ETF

代號	名稱	成立時間	規模（億美元）	費用率	近十年年化報酬率
DIA	SPDR 道瓊工業平均指數 ETF	1998 年	222	0.16%	12.32%
SPY	SPDR 標普 500 指數 ETF	1993 年	2,868	0.09%	13.75%
VOO	Vanguard 標普 500 指數 ETF	2010 年	1,537	0.03%	11.45%（5 年）
IVV	iShares 核心標普 500 指數 ETF	2000 年	2,045	0.03%	13.79%
QQQ	Invesco 那斯達克 100 指數 ETF	1999 年	1,224	0.2%	20.46%

資料來源：各家券商／作者整理

估未來的市場方向。

那麼，該如何投資三大指數呢？投資人可以買進追蹤指數的ＥＴＦ（參表８），例如「SPDR道瓊工業平均指數ＥＴＦ」（美股代號ＤＩＡ）追蹤道瓊工業指數，最近十年的年化報酬率為十二・三二％，不過雖說道瓊工業指數是三大指數之一，具有一定的重要性，但將資金投入道瓊成分股，集中在三十家公司較無法提供分散風險的作用。

在追蹤標普五百指數的ＥＴＦ中，除了規模最大的「SPDR標普五百指數ＥＴＦ」（美股代號ＳＰＹ）以外，還有先鋒基金公司（Vanguard）推出的「Vanguard標普五百指數ＥＴＦ」（美股代號ＶＯＯ）以及安碩（iShares）的「iShares核心標普五百指數ＥＴＦ」（美股代號ＩＶＶ），投資人可以選

表 9　全球市場 ETF

代號	名稱	成立時間	規模（億美元）	費用率	近十年年化報酬率
VT	Vanguard 全世界股票 ETF	2008 年	138	0.08%	8.98%
VTI	Vanguard 整體股市 ETF	2001 年	1,523	0.03%	13.59%

資料來源：各家券商／作者整理

擇其中費用率最低的一檔投資，節省交易成本。

此外，還有「Invesco 那斯達克一百指數ETF」（美股代號QQQ）則是追蹤那斯達克一百指數，買入在那斯達克上市前一百大的公司。雖然這檔ETF的費用率最高，但在目前美股市場上仍是科技股獨霸的情況下，報酬率也是最優異的。在趨勢發展的過程中，我認為QQQ是相當值得配置的標的之一。

除了上述五檔ETF，還可以考慮另外兩檔以全世界股票市場與全美國市場為投資組合的ETF（參表9）。

ETF是適合長期持有、賺取長期穩定收益的資產。選擇大盤ETF作為投資組合的基底，可以避免在盤勢波動劇烈時，投資人的心理受到影響而賣出股票，卻錯過了後續的反彈行情。當然，也可以將其他主題型、趨勢型與主動型ETF，與個別公司的股票進行資金配置，隨著市場的變化波段操作獲利，幫自己在大盤平均報酬外增添額外收益。

從產業選擇最佳標的

對於不熟悉美股個股的投資人，除了大盤ＥＴＦ以外，還能藉美股的產業分類來做進一步的資金配置。在景氣循環週期中，每一個階段市場中的領導類股也會不同，當市場熱絡時，投資人應該觀察目前盤面上的領導類股，並找出該類股中最強勢公司的最大勝率，資金動能推升股價上漲，顯示出強者恆強的現象。而當經濟開始有衰退疑慮、市場中不確定性升高時，資金通常會流向穩健且具固定收益特性的類股，投資人若觀察到該類股有增強趨勢，便可以提高警覺，進行部位的調控來因應未來可能發生的變化。

美股中的產業依據「全球行業分類系統」（Global Industry Classification Standard, GICS）來進行分類。全球行業分類系統是由標準普爾與摩根史丹利資本國際公司（Morgan Stanley Capital International, MSCI）於一九九九年八月共同開發的行業分類系統，涵蓋全球股市九五%的公司，將上市公司分類至十一個主要的經濟部門，並將這些部門向下細分至不同的次產業別，共有四級分類，是研究員與投資者重要的參考依據。

二〇一八年，由於行業的創新與發展，指數委員會將「臉書」（Facebook，美股代號ＦＢ）、「字母控股公司」（Alphabet，美股代號ＧＯＯＧＬ）、「推特」（Twitter，美股代號ＴＷＴＲ）以及遊戲類股公司「藝電」（Electronic Arts，美股代號ＥＡ）、「動視暴雪」

（Activision Blizzard，美股代號ＡＴＶＩ）等企業，從資訊科技類股移到由電信類股更名的通訊服務。所以，目前的十一大產業分類依序如下：

一、原物料（Materials）：化學製品、金屬採礦、紙產品和林產品。

二、非必需消費品（Consumer Discretionary）：汽車、服裝、零售和休閒消費。

三、必需消費品（Consumer Staples）：日用品、食品和藥品零售。

四、能源（Energy）：能源設備與服務、石油和天然氣開採。

五、金融（Finance）：銀行、金融服務和保險。

六、醫療保健（Medical & Health）：醫療保健服務、醫療產品、藥品和生物技術。

七、工業（Industry）：資本財、運輸、基礎設施、航空和國防。

八、資訊科技（Information Technology）：軟體服務、硬體技術和設備、半導體。

九、通訊服務（Communication Services）：電信服務和媒體娛樂。

十、公用事業（Utilities）：電力、天然氣、水利事業。

十一、房地產（Real Estate）：房地產開發、管理及相關信託。

想要投資上述產業，同樣可以買進相關的ＥＴＦ，參表10。

表 10　11 大產業相關 ETF

代號	產業別	殖利率	規模（億美元）	費用率	近十年年化報酬率
XLB	原物料類股	2%	34	0.13%	9.0%
XLY	非必須消費	1.1%	145	0.13%	17.6%
XLP	必需消費類	2.58%	138	0.13%	11.8%
XLE	能源類股	6.2%	109	0.13%	-1.0%
XLF	金融類股	2.5%	175	0.13%	9.2%
XLV	生技類股	2.1%	241	0.13%	16.0%
XLI	工業類股	2.1%	100	0.13%	11.3%
XLK	資訊科技	1.1%	324	0.13%	19.5%
XLC	通訊類股	0.8%	100	0.13%	-
XLU	公用事業	3.2%	9.6	0.13%	11.2%
VNQ	房地產	3.8%	4.5	0.12%	9.1%

資料來源：各家券商／作者整理

我們可以藉由了解各行業的特性，擬定並執行自己的投資策略。例如面對景氣的擴張期，成長性最大的金融與科技類股似乎是最好的選擇；進入趨緩期，可以配置受景氣影響較小的必須消費類股與健康照護類股；當景氣落入衰退，防禦型的必需消費類股與公用事業類股最受到市場青睞；等待景氣谷底翻揚、重新進入復甦期時，再將資金投入到非必需消費類股與房地產類股，跟著經濟的復甦一起成長。

美股中能夠選擇的ETF相當多，除了被動追蹤特定指數、依照指數成分股來調整投資組合配置，並追求與指數一致的報酬外，也有

表 11　方舟投資的五個旗艦基金

代號	全名	成立日期	規模（億美元）	費用率	近五年年化報酬率
ARKK	新興主動型 ETF	2014	123.1	0.75%	40.7%
ARKQ	自主技術與機器人主動型 ETF	2014	10.2	0.75%	30.6%
ARKW	Next 物聯網主動型 ETF	2014	38.6	0.76%	45.1%
ARKG	生物基因科技革新主動型 ETF	2014	37.3	0.75%	31.4%
ARKF	ARK 金融科技創新主動型 ETF	2019	11.7	0.75%	-

資料來源：各家券商／作者整理

以主動選股、目標為打敗指數報酬的主動型基金，前文提到的方舟投資就是一例。

方舟投資目前主要的五個旗艦基金如表11，規模最大的「新興主動型ETF」（美股代號ARKK）主要以投資破壞性創新科技為主，產品或服務可能會改變世界工作方式的公司，涵蓋基因科技、能源、網際網路與金融科技等產業，而其他規模較小的ETF則是再把重要的主題獨立出來。

比較方舟投資與一般被動型ETF的主要差異，這五支旗艦型基金的持股都相當集中，平均持股數低於五十家公司，且管理費用〇．七五％也偏高，但這些基金公司具有專業的投資團隊和經理人，擁有比一般投資人更多的資源，所以也適合想要投資成長股、卻沒時間研究的投資人，作為資產配置的一部分。

選擇投資工具

投資人在進行選股時，通常可以採用兩種分析方式，即「自上而下」（top-down investing）分析與「自下而上」（bottom-up investing）分析。「自上而下」分析是指先觀察總體經濟指標，例如國民生產毛額（GDP）、失業率、利率、通貨膨脹等經濟數據後，確認目前的總體經濟環境處於成長趨勢中，接著進一步檢視市場情況，找到最強勢的領導產業，挑出表現最好的公司進行投資。而「自下而上」分析的順序則是倒過來，先找到自己認為理想的投資標的，專注在某一家表現優異的好公司，投資之前先對公司進行徹底研究，包括商業模式、財務表現、未來展望等因素，再逐漸向上延伸到該產業中其他公司的表現，進行更完整的分析與研究（參圖1）。

但哪一種方式最好呢？我認為兩者相輔相成。在經濟衰退、大盤表現十分弱勢時，即便是優異的公司股價表現也會受到壓抑；然而經濟開始恢復正常並開始成長時，大盤表現好，好公司的股價就有更高的可能性能打敗大盤，獲得超越大盤的報酬率。

由此可知，投資人在投資前必須注意三個重要問題：總體經濟、產業趨勢、個別企業表現。

總體經濟

「總體經濟循環」指的是經濟循環，是觀察景氣變化的指標，投資人可以針對目前的總體經濟狀況做出自己的持股配置。經濟衰退時採取防禦策略，將資金配置在穩健、抗跌的資產上；經濟成長時則採取積極策略，找到最強勢的產業與公司來投資。

圖 1　選股的兩種分析方式

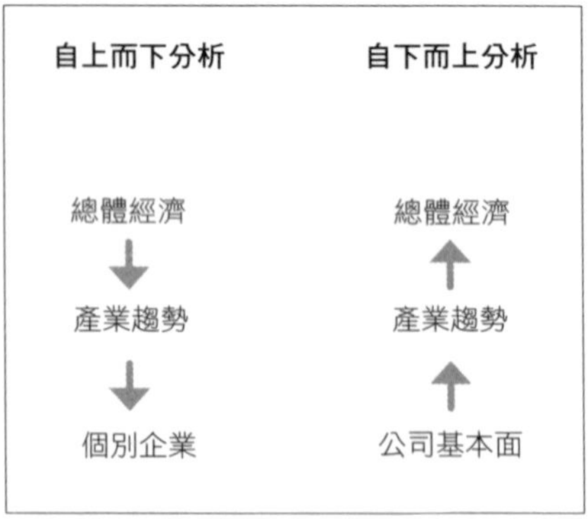

世界最大避險基金「橋水基金」（Bridgewater Associates）創辦人瑞・達利歐（Ray Dalio）在《大債危機》（*Principles for Navigating Big Debt Crises*）一書中提到，一個經濟的循環與一國的債務管理有極大相關性，長期循環可以橫跨七十五年以上，短期循環則每十五年會發生一次重大危機，重塑整個經濟體系，進行資源的重新分配。而這個時候就是投資人創造財富的最佳機會。

試想過去十年的最長牛市，不就是因為二〇〇八年的金融危機而揭開序幕，當時聯準會的救市策略，降息加上量化寬鬆政策讓經濟快速復甦，帶動資產價格上漲。正當大家在想景氣榮景何時會結束時，沒人預測得到是因為二〇二〇年的新冠疫情，意外促使市場大幅回調，企業運作停擺，消費迅速萎縮，實體經濟遭受重創，許多企業因此違約倒閉。不過也因為有了過去的經驗，聯準會更積極地開創出新的工具，大規模購債與撒錢救市，資金潮進入股市形成V型反轉，也是許多投資人最好的入市機會。疫情加速了新創企業的發展，對於突破式創新科技的需求激增，為未來的循環打開一扇新的大門。

產業趨勢

研究產業趨勢，找出市場上哪些產業處於萌芽期、哪些產業處於高速成長期或穩健成長期，以及哪些產業處於成熟期、甚至已經開始衰退。處於萌芽期的產業雖然發展前景大，但有高度的不確定性，不適合一般投資人冒風險投入。而營收與獲利逐漸衰退、開始走下坡的產業則應該避開，轉去找一些仍有廣大發展空間的產業，包括創新產業、產業轉型等。

關注產業趨勢相當重要，原因在於聰明錢的資金是會跟著賽道上奔馳最快的車跑。這很像在賽馬比賽中，賭金通常集中押注在幾匹好馬上，因為牠們更有可能贏得勝利。只要產業仍有寬廣的發展空間，吸引更多公司加入分食利潤，就好像只要這些好馬的賠率仍有利可圖，就會吸引更多的資金進場。

個別企業

「個別企業」表現則是在成長的產業中找到領先的，並關注哪些公司從萌芽期跨到高速成長期，或從高速成長期跨越到穩健成長期。這些公司的產業前景看好、已經普及但尚未有過度競爭，企業仍可靠本身的競爭優勢來賺取超額報酬，並藉由先發者優勢來進行擴張整合，加速公司成長。任何公司的股價都是由市場對公司的成長預期來推升，唯有成長的公司，才能為投資人帶來豐厚的獲利，這也是本書主要分享的投資方式。

如果你選擇成為一位主動投資人，這些基本功課都是在做投資組合規畫時必須注意的面向。而在美股市場中，針對這些不同性質的資產，都可以找到相關的投資標的，高效率地進行你的資產配置。

接下來就從美股中常見的商業模式開始介紹，從生活中發現商機，找到正在高速成長的趨勢產業，再觀察產業中有哪些公司處於領導地位，檢視他們的營運表現並評估未來發展，最後建構出一套完整的投資原則，幫助你在美股投資的路上走得愈來愈順。

第二部
用商業思維投資美股

每一個投資人都應該把自己當成企業分析師，

而不是股票分析師，

也就是以經營者的眼光去看待想要投資的公司。

好的商業模式是成功的第一步，

但公司要如何維持商業模式中的競爭優勢，

支持股價長期向上成長，

是投資人下一個必須思考的問題。

第3章

賺錢公司都有獨特的商業模式

紐約大學金融學教授亞斯華斯・達摩德仁（Aswath Damodaran）是一位典型的價值投資者，善用數據分析對企業進行合理的估值。他曾說：「我天生就著迷於數字，但當我研究數字時，極為諷刺的是，我對數字的研究愈多，對於完全以數字為支撐的論點就愈感到懷疑。」

這段話告訴我們，一個好的估值方式並不只是把數據處理過並跑出結論，而是在整個過程中挖掘這家公司的美好故事，對於企業的理解愈深並找出公司的商業模式，才能體現企業的真實價值。

什麼是商業模式？

在思考商業模式時，先回答一個問題：這家公司是靠什麼賺錢？它提供哪些產品與服務，需要透過哪些合作夥伴，以及滿足了哪些人的需求？這些都是公司在進行商業布局時所建構的「價值網」（Value Net），而每家公司都擁有自己的價值網，架構出獨特的商業模式。

「價值網」的概念由經濟學家亞當・布蘭登伯格（Adam M. Brandenburger）與貝利・奈勒波夫（Barry J. Nalebuff）提出，我認為這是在研究企業競爭、策略與發展時最重要的方法。利用價值網連結產業鏈中的每一個參與者，描繪出完整的商業情境，以一個更全面的角度去思考，在所有參與者中找出最具價值的投資對象。

圖2　價值網

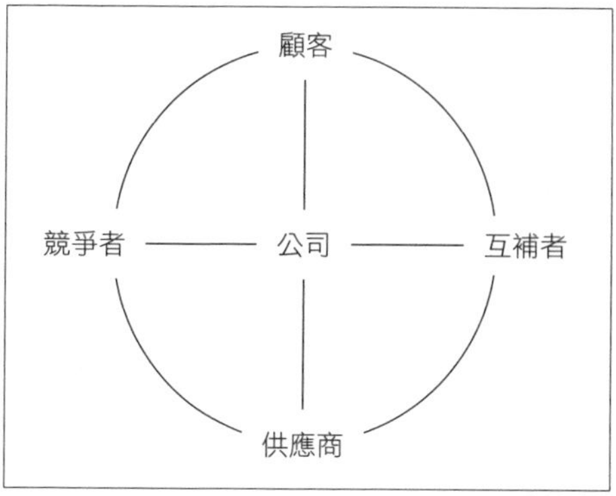

以圖2來分析，思考如何利用價值網來為公司創造出更大的價值。網中的參與者時而競爭、時而合作，建立起動態循環，投資人站在價值網中央，檢視企業的內部情況與優勢，也可以用旁觀者的角度來思考企業未來的成長與外部挑戰。

一、**顧客：**公司所提供的產品與服務會有多大的市場，決定了產業的未來發展。顧客代表的就是需求端，而產業可從兩方面來創造需求：一是透過行銷與推廣來吸引消費者購買，二是提供創新的商業模式與產品，例如在iPhone推出之前，人們並不會覺得自己需要智慧型手機，然而時至今日，智慧型手機已經成為生活必需品。又好比在共享經濟崛起之前，也沒人想到Uber、Airbnb等公司會變成估值超過十億美元的獨角獸企業。

二、**互補者**：當兩項商品或服務搭配在一起，能讓兩者變得更有吸引力且發揮更大的價值，我們就可以稱兩者之間為互補品。例如蘋果以外的手機搭配Android系統、智慧型手機與手機內的晶片、高速網路與雲端行業的發展趨勢等，都是很好的例子。

三、**供應者**：供應者代表兩者之間存在的相依關係，彼此互為合作夥伴，共同創造雙贏的局面。譬如品牌如果沒有製造商的支援，即便品牌形象做得再好，也沒有產品可以賣給顧客。供應鏈如果沒辦法正常運作，就會造成企業無法進行銷售，連帶影響到整體的營收表現。例如二〇二〇年爆發的新冠肺炎疫情，許多企業的供應鏈因為受到停工與封鎖的關係而無法生產出貨，造成整個生產到銷售的運作都受到影響。

四、**競爭者**：競爭者代表產業內的參與者數量，彼此間具有排他性，例如買了蘋果手機後要再擁有三星手機的機率就低很多，或是一旦加入亞馬遜（Amazon，美股代號AMZN）的Prime會員，因為已經預先付出了會員費的成本，之後要再去沃爾瑪

（Walmart，美股代號WMT）消費的可能性就會下降。當產業中的競爭者愈多，原本的利潤就會被分散，更多時候是競爭者為了搶奪市場而打起價格戰，使得彼此利潤下滑，最後誰也拿不到好處。

用價值網了解一家公司與顧客、互補者、供應者和競爭者的關係，進而了解整個產業的全貌，評估公司所處的產業地位，還能順勢找到產業中相關的公司以及上下游的供應鏈，挑選出表現好的公司來做更深入的研究。

我在尋找美股中的好公司時，也會運用這樣的思維，先從目前最主流的產業著手，在高速發展的產業中找到表現最好的公司，然後從這個公司的商業模式進行延伸，試著找到更多潛在的投資機會。

就我來看，每一個投資人都應該把自己當成企業分析師，而不是股票分析師，也就是以經營者的眼光去看待想要投資的公司。要經營一家公司，如果連自己都不清楚是在做什麼生意，更別說是要獲利了！所以不要超過自己的能力圈範圍去做投資，而應該選擇你了解的公司，如果你有仔細觀察過去的紀錄，就會發現只要投資人能夠掌握這個選股原則，他們的投資生涯表現通常相當亮麗。

更重要的是商業模式的創新

好的商業模式是成功的第一步，但公司要如何維持商業模式中的競爭優勢，支持股價長期向上成長，是投資人下一個必須思考的問題。

管理大師彼得．杜拉克曾說：「現今企業的競爭，不是產品之間的競爭，而是商業模式之間的競爭。」過去傳統的企業生命週期已不能代表新經濟下的商業模式，唯有創新的商業模式是現代企業的必備技能。企業仍保有競爭優勢時就開始打造新的成長動能，才有辦法讓股價符合市場所給予的高估值，為股東帶來更多回報。

根據研究機構 Innosight 的統計，過去五十年標普五百成分股中的公司生命週期，從平均三十三年下滑到二十四年，甚至未來有可能縮短到只有十二年。一家企業擁有好的商業模式不夠，因為一旦成長到某個階段，勢必面臨到成長趨緩的問題，股價也會因此陷入困境。同一套商業模式不一定可以持續在市場上維持領先，因為商業模式會不斷嘗試創新，打造新的成長動能。

《從A到A$^+$》（*Good to Great*）的作者詹姆．柯林斯（Jim Collins）提出的飛輪效應告訴我們，一家公司從優秀到卓越的過程就像一個巨大的飛輪，開始轉動之前必須先累積大量的動能，才有辦法在未來快速奔馳，持續推動前進。能夠推動飛輪的動能就是「創新」，從零到一稱做創新，而從一到無限大又可以衍生出多種創新模式，突破原有的產業生命週期，不斷開創出新的成長曲線，這也是現代企業可以一直維持高速成長的原因。

以亞馬遜為例，創辦人傑夫・貝佐斯（Jeff Bezos）將飛輪的概念實際運用在公司管理上，永遠保持「第一天」的心態，像新創公司一樣思考，敢於冒險才有辦法持續創新。他除了在零售產業創造佳績，也不斷嘗試新的領域，最賺錢的業務「亞馬遜雲端運算服務」（Amazon Web Services, AWS）更是成長的重要功臣。

不過，更重要的是亞馬遜的另一項原則：以顧客為尊。其將顧客置於價值網的正中央，透過網絡連結的每一端都可以為顧客增加價值，並且在本身擁有的大數據優勢下，搶在顧客之前發現需求。

網路的普及，也催化出像電子商務、訂閱經濟與軟體即服務（Software as a Service, SaaS）等新的商業模式，藉由數據的蒐集與分析來進行產品優化、傳統的商業模式需要在推出產品後才能得到客戶的反饋，現在卻可以從做中學，動態調整產品內容來提升顧客體驗，讓新創企業得以高速生長。美股中許多高速成長股都屬於這一類的公司。

上市公司祖睿（Zuora，美股代號ＺＵＯ）執行長左軒霆最早提出「訂閱經濟」一詞，他在著作《訂閱經濟》中就指出當前的新商業模式，已經由過去的線性轉型成環形模式，包括透過持續研究與開發增加產品的功能、不斷推陳出新、設計獎勵機制來鼓勵購買與強化消費行為。唯有把企業當成一個年金來經營，才有辦法達成永續的目標。後面章節會進一步討論這類型公司。

找出企業的獲利方程式

投資人剛開始投資美股時，如果不敢追強勢股，最好的方式就是從簡單易懂的產業著手，從日常生活中尋找投資機會。因為每天都會使用到的東西，自然容易了解產品與服務的優缺點，以及具備怎樣的競爭優勢與發展空間。

就算是難以預測的科技股，其實許多科技產品與服務早就圍繞在我們的生活周遭。不同於台股中的科技股多為代工與零組件公司，專業程度與技術性高，一般投資人很難理解，但美國許多科技股都是日常生活與工作場域中時常會接觸到的平台與軟體公司，例如社群媒體「臉書」、零售霸主「亞馬遜」、金融科技公司「Visa」或巴菲特持有的「蘋果」等公司，這些「生活中的科技股」具備了以下特色：

一、**善用科技提高效率**：由於科技的進步、5G時代的來臨，這些公司提供的產品與服務愈來愈多元，讓我們的生活更便利。

二、**網絡效應擴張快速：**網絡效應在新經濟中扮演關鍵角色，傳統公司得益於規模經濟與品牌效應，建立起企業的護城河，如今有辦法創造商業網絡的公司才是贏家。

三、**獨占市場規模優勢：**只要具備了規模優勢，產業中的領導者與落後者的差距就會愈來愈大，顯現出大者恆大、贏家全拿的狀況。

我認為當前美股中最具代表性的公司都擁有上述的特徵，也因為如此才有辦法站穩產業中的領導地位，維持高速的成長率與優異的獲利能力。了解這些公司的基本面，就能掌握判別公司未來發展的重點。

尖牙股的商業模式

「尖牙股」（FANG）指的是包括「臉書」（Facebook）、「亞馬遜」（Amazon）、「網飛」（Netflix，美股代號NFLX）與「谷歌」（Google，母公司是字母控股公司，的美股代號GOOGL）四家公司第一個字母集合而成的簡寫，由CNBC知名財經主持人吉姆．克萊默（Jim Cramer）提出，代表美股中最具影響力、漲勢最凶猛的幾家科技公司。每一家公司的商業模式各不相同，具有產業代表性，也值得投資人深入研究，在機會來臨時買入公司的股票。

臉書

臉書成立於二〇〇四年，是全世界最大的社交媒體平台，擁有Facebook、Instagram、Messenger、WhatsApp與Oculus等五個主要產品與服務，提供免費的社交媒體平台，每天有超過十八億的人口透過網路使用臉書的服務。廣告收入就是臉書主要的營收來源，雖然我們使用臉書完全免費，但也提供了臉書相當大量的數據，了解我們的喜好與需求。也因為如此，透過平台的網絡效應吸引更多用戶，也讓更多廠商到臉書來投放廣告吸引消費者，讓臉書的獲利維持高成長。二〇一九年的營收達七〇七億美元，比前一年成長了二七%，最近五年的營收平均成長率為四一．五%。

投資人評估臉書的未來發展時，可以關注的重要指標包括「活躍用戶數量」與「每位用戶平均收入」（Average Revenue Per User, ARPU）。這兩個指標也泛用於其它平台公司上，評估平台的使用度與變現能力。當活躍用戶數愈多，臉書向廣告主收取的廣告費用就愈貴，換算成每位用戶的平均收入也愈高，持續推升臉書的營收成長。

- **活躍用戶數量：**活躍用戶數用來衡量臉書平台提供的功能是否讓用戶滿意，願意常常造訪，並在上面進行活動。根據臉書提供的數據，到二〇二〇年第三季，臉書的日活躍用戶（即每天至少訪問一次臉書的用戶）已達十八億人以上，月活躍用戶數（即過去三十天內曾經訪問臉書的用戶）已達二十七億人，是全球最大的社交平台（參圖3）。

- **每位用戶平均收入：**所謂「每位用戶平均收入」，可以每位用戶平均收入是衡量公司如何將平台上的人流進行貨幣化，轉換成真正的獲利。將某段時間內的總收入除以平均用戶人數，得到的數字就是公司從個人用戶上可以獲得的收入。以臉書來說，將廣告營收除以平均用戶數量，就是每位用戶幫臉書賺得的平均廣告收入。

臉書的營收有九八%以上來自廣告收入，這項收入從二〇〇九年的七・六億美元，成長到二〇一九年的六九七億美元，創下歷史新高。在活躍用戶持續增加的情況下，臉書從二〇一二到一九年的平均每位用戶收入也從五・三二美元上升到為二九・二五美元，上漲了將近五倍之多（參圖4）。

在廣告市場逐漸飽和、監管與競爭環境日益升溫的情況下，臉書要鞏固競爭優勢的方法一定是開拓更多獲利來源，才有辦法維持過去的成長表現。未來除了廣告業務，臉書也希望藉著廣大的用戶基數，發展數位貨幣與行動支付的業務，擴展公司的營收來源與創造下一階段的成長。二〇一九年六月提出的 Libra 加密貨幣計畫，預計於二〇二一年

圖 3　臉書 2008 至 2020 年的月活躍用戶數

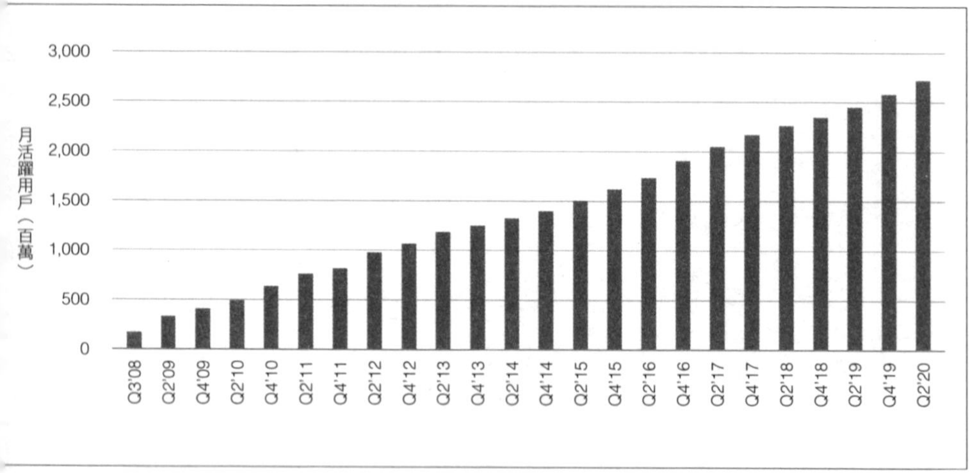

資料來源：臉書公司財報

圖 4　臉書 2012 至 2019 年的平均每位用戶收入

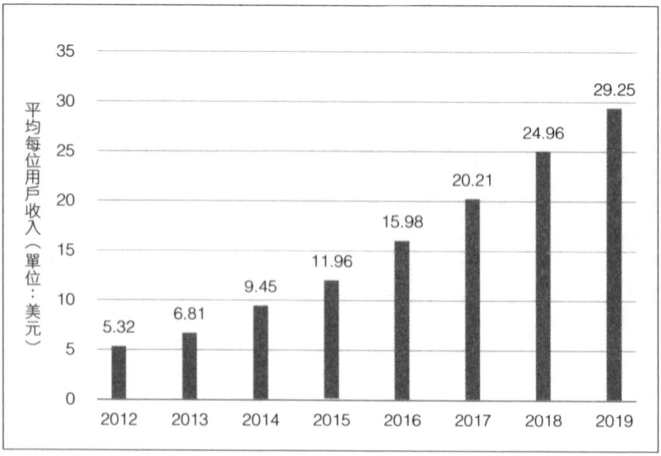

資料來源：臉書公司財報

重新啟動，值得投資人關注後續的發展。

亞馬遜

亞馬遜成立於一九九四年，以網路書店起家，到現在已是一家The everything store（萬貨商店），成為網路零售的霸主。其營收來源不再只有銷售產品的收入，還涵蓋其他多種收入來源，包括實體商店、訂閱服務、第三方賣家服務、廣告收入以及最賺錢的AWS雲端服務。

亞馬遜是全世界最大的電子商務平台之一，在美國的線上零售市場占比超過五成。雖然占比極高，電子商務占全美零售總額的比例卻僅十一．二%，表示未來成長潛力仍然相當大，因此到目前為止，公司不計成本地吸收用戶、擴展市占率。亞馬遜雖是電商零售霸主，但獲利一半都是來自於AWS雲端運算服務，更是目前讓公司維持高速成長的引擎。

亞馬遜的主要商業模式是零售，但投資人想要評估亞馬遜的未來發展，應該關注的重要指標不僅是營收的表現，更應兼顧「獲利與現金流變化」和「AWS的成長」。

- **獲利與現金流變化：**亞馬遜的營收從二〇一〇年的三四二億美元，成長至二〇一九年的二八〇五億美元，平均每年成長二七．六%，仍處於高速發展階段，不過營業利潤率僅有五%左右的水準（參表12）。要不是AWS雲端運算服務的利潤率可達二八%，整體的營業利潤率會更低。

創辦人貝佐斯在致股東信中提到，亞馬遜致力於創造長期價值，不看重短期利益，所以賺來的錢都拿去再投資，並且以追求現金流最大化為目標，這一點完全體現在亞馬遜的財務報表中。投資人在評估公司價值的時候，將重點放在自由現金流的變化是比較適當的。

觀察表12，可以看到亞馬遜的自由現金流量從在二〇一〇年的二五．一六億美元，到二〇一九年已經成長為二一六．五三億美元，在現金流充沛的情況下，不只公司可以更靈活地進行資本配置，也可以更積極地進行收購策略，將觸角延伸至更多領域。

- **AWS的成長：**雖然主要營收來源是零售業務，AWS雲端運算服務僅占總營收的十一%，卻是亞馬遜最賺錢的部門，也是激勵股價上漲的動能來源。

根據Synergy Research Group的研究，二〇二〇年第二季，全球在雲端基礎設施服務的支出超過三百億美元，比二〇一九年增加七十五億美元，在數位轉型趨勢發展下，這個數字未來將繼續成長。而在幾家主要的服務提供商中，亞馬遜的AWS目前仍是市占率最高的雲端服務平台，市占率高達三三%，比起微軟的Azure占比十八%、字母控股的

表 12　亞馬遜 2010 至 2019 年的營收與現金流變化

	營收（百萬美元）	營收年成長率（%）	營業利潤率（%）	自由現金流（百萬美元）
2010 年 12 月	34,204	39.56	4.4	2,516
2011 年 12 月	48,077	40.56	2.1	2,092
2012 年 12 月	61,093	27.07	1.1	395
2013 年 12 月	74,452	21.87	1	2,031
2014 年 12 月	88,988	19.52	0.2	1,949
2015 年 12 月	107,006	20.25	2.1	7,331
2016 年 12 月	135,987	27.08	3.1	9,706
2017 年 12 月	177,866	30.8	2.3	6,479
2018 年 12 月	232,887	30.93	5.3	17,296
2019 年 12 月	280,522	20.45	5.2	21,653

資料來源：Morningstar／作者整理

Google Cloud占比九%，前五大廠商的市占率達到八成。

在這樣的情況下，競爭對手的加入使得市場競爭愈來愈激烈，以致AWS從二〇一九年以來平均四〇%以上的年成長率，到了二〇二〇年第三季的財報公布時，年成長率僅二九%，是投資人應關注的重點趨勢之一。

亞馬遜在電子商務與雲端平台的領導地位目前仍無人能取代，加上貝佐斯優異的領導能力，帶領公司不斷地創新與成長。除了原本的業務，亞馬遜透過廣大的會員數與數據蒐集，致力於發展Prime會員經濟、訂閱服務與廣告業務，未來也都具有相當大的發展空間，讓市場對亞馬遜的股價有更多期待。

網飛

網飛成立於一九九七年，其實公司一開始並不是一家串流媒體公司，而是與競爭對手百視達（Blockbuster）一樣都是以經營DVD出租服務為主。時至今日，百視達已然殞落，而網飛的成功源於創辦人里德．海斯汀（Reed Hastings）在早期發現串流媒體服務商機，並在二〇〇八年開始積極轉型，享受先行者的優勢，成為串流媒體產業的領導者。

網飛的商業模式採訂閱制，提供不同的價格方案，讓使用者根據需求選擇合適的方案付費。由於客戶如果不滿意服務就可以隨時取消訂閱，低進入門檻讓網飛快速普及，用戶數與營收快速成長。不過為了提高消費者體驗，滿足觀眾的所有需求，避免客戶流失的情況產生，網飛也必須將獲利再投資於節目製作，由於金額龐大，使得公司現金流仍為負數，且數字一年比一年還多，沒有止穩跡象。

投資人在評估網飛的未來發展時，除了觀察公司的財務面、成本控制與資本的運用效率是否得當，也應該關注「訂閱用戶增長」、「每月平均用戶收入」與「現金流變動」等重要指標。隨著用戶數的增加，公司是否有辦法兼顧內容品質與成本管控，是股價能否進一步上漲的關鍵。

‧**訂閱用戶增長**：網飛製作一部影集，產生內容的成本都是固定的，如果訂閱人數愈多，換算下來花在每位客戶的成本就會愈低，回收得更快。二〇一一年第三季到二〇二〇年第一季，訂閱人數持續增加，已經達到一‧九三億訂閱數（參圖5），其中七二九〇萬來自美國，占總營收的五六%。由於美國市場的成長可能趨緩，為了營收成長，網飛相當積極地拓展海外市場，與當地媒體業者合作發行作品，藉由降低成本、提高效益來推動成長。

‧**每月平均用戶收入**：儘管訂閱人數持續增加，不過如果是以價格戰來吸收顧客，那麼公司未來的獲利就岌岌可危了。網飛在二〇一七年進行了兩次漲價策略，從財報數字來看並沒有對公司造成嚴重的衝擊。除了人數增加之外，二〇一六到一九年的平均用戶收入也從八‧六一美元上漲到一〇‧八二美元（參圖6），這是因為公司仍然持續產出好的內容，根據消費者的喜好調整演算法，藉以提高顧客的忠誠度，即使漲價也會繼續訂閱。

‧**現金流變動**：網飛的營收與獲利雖然持續高速成長，最近十年的平均每年營收成長率為二八‧三%，獲利成長率高達三〇‧八%，但由於需要將資金投資在龐大的內容上，因此現金流持續流出，金額有增無減。表13為二〇一五至一九年的現金流量表，或許你會很驚訝，一家年營收超過兩百億美元的公司，營業現金流竟是負數！這是因為公

圖 5　網飛於 2011 年第三季到 2020 年第二季的訂閱數

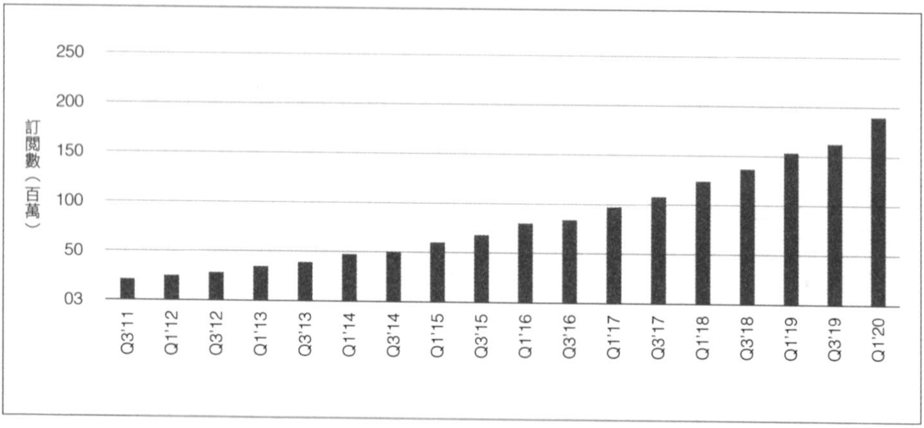

資料來源：Statista

圖 6　網飛於 2016 至 2019 年的平均用戶收入

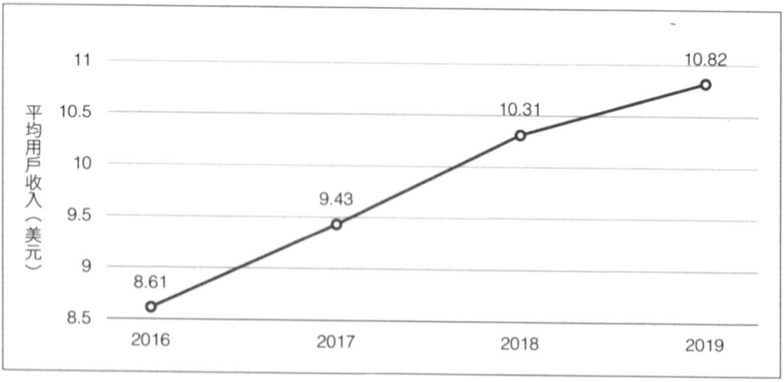

資料來源：Statista

表 13　網飛於 2015 至 2019 年的現金流量表

	營業現金流（百萬美元）	資本支出（百萬美元）	自由現金流（百萬美元）
2015 年 12 月	-749	-169	-919
2016 年 12 月	-1,474	-185	-1,659
2017 年 12 月	-1,786	-227	-2,013
2018 年 12 月	-2,680	-213	-2,893
2019 年 12 月	-2,887	-253	-3,140

資料來源：Morningstar／作者整理

司將內容製作的成本計算在內，折舊與攤提的費用必須從營業現金中扣除，使得現金流量流出持續擴大。在這樣的情況下，網飛就必須舉債來支應支出，因此負債比率很高，未來如果遭遇營運逆風、營收衰退，所面臨的風險也相對較高，是投資人應該密切關注的部分。

網飛的成功在於創辦人的高瞻遠矚，也受益於科技的進步、網路與移動式裝置的普及，讓公司以更快速的方式擴展市場，目前擁有一．九五億個付費用戶，坐穩龍頭寶座。

不過，串流媒體平台的競爭者愈來愈多，包括迪士尼（The Walt Disney Company，美股代號DIS）來勢洶洶，新推出的串流服務 Disney+ 自推出後不到一年就累積了七千三百七十萬個付費用戶，強大的智慧財產權與影視內容不可小覷。加上亞馬遜、蘋果與短影音平台「抖音」等公司都亟欲搶奪消費者的注意力與時間，未來整合所有資源、加強與各地市場的合作關係，提高公司的營運效率與吸引更多用戶，是網飛最重要的課題，只要妥善因應，長期來看仍有相當大的發展空間。

谷歌

全世界最大的廣告商「字母」是一間控股公司，二〇一五年，谷歌進行改組，將搜尋業務「谷歌」與其他事業整合到新公司「字母」之下，包含廣告收入、Youtube廣告、Android、Chrome、雲端業務、硬體等業務，也投資了智能家庭、電動車、生物科技等新創事業。

廣告收入包括在谷歌搜尋時出現的點擊廣告，還有Gmail、Google Maps和Google Play中的廣告，以及Google AdSense與AdMob等在其他網站投放廣告的產品，二〇二〇年也開始揭露Youtube平台帶來的營收貢獻，占整體營收約十一%，是廣告收入中成長性最好的一塊。

不過由於廣告業務的營收放緩，投資人會發現谷歌的股價是尖牙股中表現最平淡的公司，沒有發生爆發性的上漲趨勢。這是因為公司的雲端業務發展較慢，占整體營收的比例僅五．五%，新創事業包括智慧家居公司Nest、自動駕駛汽車公司Waymo與生物科

圖 7　谷歌自 2011 至 2019 年營收成長

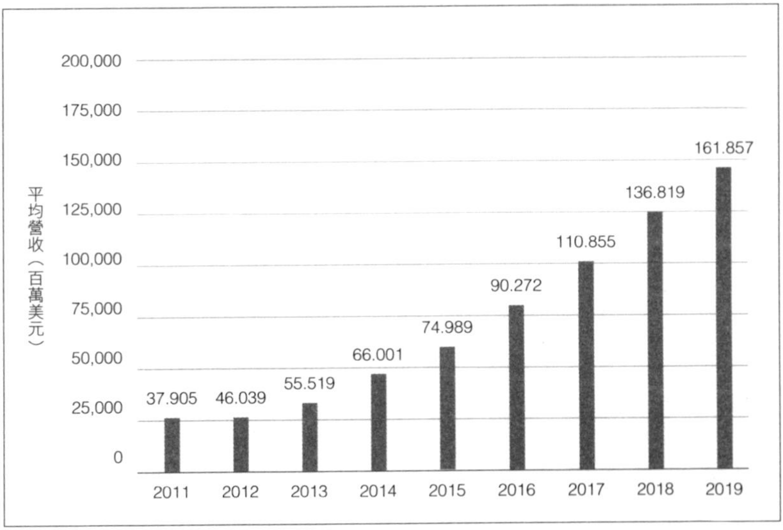

資料來源：Statista

技公司 Verily 占整體營收的比例不到一%，無法做出明顯貢獻，但我認為這些業務仍然具有長期的發展潛力。在評估公司的未來性時，除了營收的穩定成長外，雲端服務與人工智慧等領域也扮演不可或缺的角色。

- **營收成長：**谷歌的營收自二〇一一年的三七九億美元，成長到二〇一九年的一六一九億美元，近十年平均年成長二一%（參圖7）。廣告收入占總營收比高達八三%，在數位廣告市場占比約二九．四%，是數位廣告市占率最高者，也是搜尋引擎霸主。

但由於廣告市場的競爭愈來愈激烈，包括市占第二的臉書憑藉著Instagram的成長，帶動公司的市占率提升至二三・四%，亞馬遜的廣告收入成長也持續加速，市占率約九・五%。在份額逐漸被瓜分的情況下，觀察谷歌是否仍能維持增長態勢，是股價持續上攻的關鍵。

- **雲端服務發展：**如果廣告收入趨緩，其他部門的收入就必須發揮助功效果，才有辦法維持營收成長，其中一項就是雲端業務與其他收入。另外兩家科技巨頭「亞馬遜」與「微軟」的股價屢創新高，就是因為雲端業務高速成長，讓市場看好公司獲利前景而去追捧股票。

雖然谷歌也推出雲端服務，但市占率低於前兩大科技巨頭，雲端業務的收入僅占總營收的五・五%，所以股價反而是尖牙股中表現最平緩的。不過在公司的規模優勢下，未來還是有望靠更積極的策略來爭取成長，為股價注入新的活水。

在思考谷歌的未來展望時，若將其定義為一家科技公司，以目前的情況來看確實有創新不足的疑慮。但我認為把谷歌當做是一個包租公的角色，在網路上將廣告欄位租給承租戶，按時收取租金，並將這些穩定的收益再投資，就會發現這是一門穩賺不賠的生意，也讓谷歌的未來有更多想像空間。

如同巴菲特的公司波克夏海瑟威利用保險公司的浮存金（float）❶來進行投資、擴大收益，谷歌的廣告收益提供了類似的功能，若有優秀的管理者將資本進行有效的配置與投資，長期之下仍可為谷歌帶來持續的成長。

❶浮存金就是保戶繳給保險公司的保費。

第4章

培養敏銳洞察力，把競爭優勢變常識

從前面對尖牙股的介紹，可以了解到雖然均貴為科技巨頭，但是每家公司的商業模式仍有其獨特之處，造就了他們與競爭者之間的差異，打造出無可取代的競爭優勢，而這也是推動股價成長的主要因素。從日常生活中去了解這些公司，把察覺競爭優勢的能力變成普通常識，就可以讓美股投資人更好地去評估公司的未來發展，跟著公司成長一起獲利。

從護城河看競爭優勢

巴菲特用護城河來比喻競爭優勢的概念：「優異的公司必須有一條護城河，讓競爭者難以侵略，為公司帶來持續的超額報酬。」

當公司擁有穩定成長的收益來源，就能讓股價的長期趨勢向上發展，其中的意涵表示這些公司一定具備某項得以維持自己在產業中領導位置的競爭優勢。常見的競爭優勢有下列六種：

一、**規模優勢**：具有規模優勢的企業，可以擁有更好的定價權與議價能力，驅動營收成長與提高獲利能力。例如蘋果公司對其供應鏈有相當好的議價能力，他們的手機單價雖然比其他品牌貴，但消費者還是願意買單，代表蘋果具有產品的定價權。

二、**網絡效應**：網絡效應也是規模優勢的一種，當某個產品或服務有愈來愈多人使用且普及到一定程度後，便會形成行業中的領導優勢，雖然會為消費者帶來更多價值，但也會提高用戶的轉換成本。例如臉書會由舊用戶持續吸引新用戶前來使用；亞馬遜的電子商務系統亦然，當會員人數愈多，就會吸引更多商家來銷售產品，進而提供更低價的產品給消費者，形成正向循環。

三、**成本優勢**：大規模的生產可以提高企業的產能利用率，或是同一套設備可以用來生產不同的產品，使公司的單位成本降低，提高獲利能力。成本優勢在軟體業特別明顯，例如微軟的Office文書軟體或Adobe的繪圖軟體，一旦開發出來後就可以持續在市場上銷售，只要付費人數愈多，公司的生產成本就愈低。

四、**品牌優勢**：品牌的價值在於提高產品的價值，以滿足消費者的獨特體驗。例如為什麼一般人願意多花一些錢買 iPhone、多花一倍的錢買星巴克咖啡，甚至願意多花幾倍的錢到 Tiffany（美股代號TIF）購買珠寶，就是因為這些公司的品牌效應，使得產品可以擁有比實際價值更高的溢價。

五、技術優勢：擁有技術優勢的公司具有強大的研發實力，為自家的智慧財產權申請專利。在專利權尚未到期之前可以限制競爭者加入市場，保護公司的獲利能力，並藉由授權專利而獲利。例如工業大廠3M、半導體公司高通（Qualcomm Inc.，美股代號QCOM）或生技製藥公司等都受到龐大的專利權保護。不過要注意公司是否有持續創新，因為一旦專利權到期，獲利可能大受影響。

六、特許經營：特許經營行業是指受到法規限制、需要政府給予執照才能經營的公司，例如金融行業、公用事業與通訊電信行業都屬此類。這些公司在產業內具有寡占優勢，競爭者少，獲利自然穩定成長。在金融科技的高速發展下，線上支付、虛擬銀行的普及對傳統銀行造成很大威脅，但是正因為這種趨勢，投資人反而可以關注如 Visa、Mastercard（美股代號MA）、Paypal（美股代號PYPL）、Square 等公司，透過大數據的蒐集與分析來建立自身的競爭優勢，提供更快速、更安全的金融服務。

表 14　蘋果公司 2016 至 2020 年的股息發放金額與成長率

	2016	2017	2018	2019	2020
每股股息	0.57	0.63	0.73	0.77	0.82
股息成長率	10%	10.5%	15.9%	5.5%	6.5%

資料來源：Morningstar／作者整理

尋找不被時代淘汰的王者

擁有競爭優勢的公司可以在市場上持續獲利，並且為股東帶來超額報酬。除了前一章討論的公司以外，投資人還可以關注另一個族群，作為資產配置的選擇之一，那就是「股息成長股」。有投資台股的投資人要找到高殖利率的股票不難，但要找到像美股一樣，數十年來每年持續調高股息的公司幾乎沒有吧！股息成長股是指一間公司除了配發股息給股東外，每年還會提高股息的金額，讓投資人除了享受股價上漲的資本利得，還可以累積股息的複利效果。舉例來說，蘋果公司二〇一九年每股發放〇．七七美元的股息，二〇二〇年發放每股〇．八二美元的股息，較前一年成長了六．五%。

從二〇一六至二〇二〇年這五年來看，蘋果公司每年都提高了股息金額，平均每年成長率約一〇%（參表14）。對股東來說，持有的成本價格是固定的，但每年的收益持續增加，總報酬率也提升。

對我來說，股息就是一個「獲利優先」的概念，當你支付價格（即成本）買進一家公司的股票時，除非賣掉股票才能換回現金，

圖 8 「標普五百股息貴族指數」成分股中的各行業占比

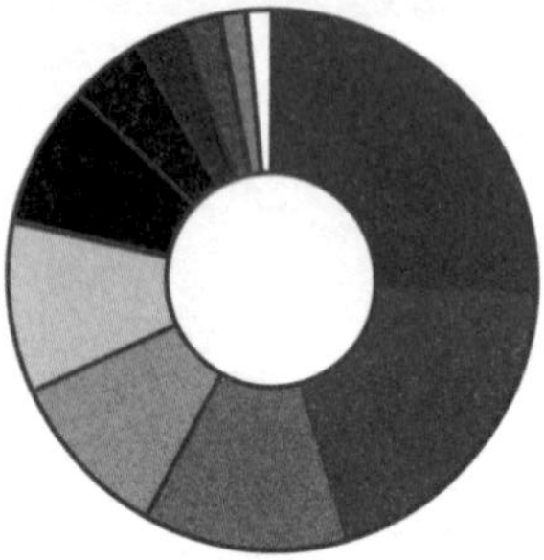

資料來源：S&P Global

但若是公司每年穩定地支付股息，等於讓你先把當初預付的錢領出來，逐步攤平成本。

不過蘋果公司支付股息的時間並不長，不能稱為典型的股息成長股。美股中有許多股息逐年成長的好公司，甚至擁有超過五十年以上的股息支付紀錄，這些公司通常具備歷史悠久、營運穩定且現金充沛等特徵，不需要大筆的資本支出，就可以將賺來的現金以股息方式分配給股東。

標準普爾在二〇〇五年五月推出了「標普五百股息貴族指數」（S&P 500 Dividend Aristocrats Index），將連續二十五年增加股息、市值超過三十億美元且平均成交量超過五百萬美元的公司納入成分股中，於每年一、四、七和十月進行重新調整。

觀察股息貴族的行業組成，以工業類股的占比成分最大，其次是必需消費與基礎材料類股

（參圖8）。顯見如果想要著重在穩定的股息收益、不管景氣好壞都不會減少配息的公司，通常是具有持續性需求的產業，股價走勢也相對平穩，近年股價成長飛速的科技股反而在指數中的占比較低。

如果想要投資組合配置股息成長股，可以參考ProShares的「標普五百股息貴族ETF」（美股代號NOBL），管理費僅〇・三五%，只要投資這檔ETF，就能直接持有所有股息成長貴族公司。

對於個別公司的研究，在評估股息成長股時看重的不會是公司的營收爆發力，而是「營收可預測性」、「獲利能力穩定」和「現金流量充沛」這三大特徵。這些特徵在股息貴族的成分股中顯而易見，主要都是具有持續性需求、但成長力道較弱的公司。以下就以股息連續成長五十七年的寶僑公司（Procter & Gamble，美股代號PG）來說明。

股息成長績優股：寶僑

寶僑成立於一八三七年，是全世界最大的消費品製造商，擁有Tide（汰漬）、Charmin（查爾明）、Pantene（潘婷）和Pampers（幫寶適）等品牌，幾乎都是每天會使用到的生活用品，歸類為必需消費類股。

必需消費類股受到景氣的影響較小，而且具備抗通膨的特性，不管經濟好壞都有一定的消費需求。價格會隨著時間而上漲，讓公司的營收相對於科技股等變化較大的產業更加穩定，股價穩定向上。

營收可預測性

要了解寶僑的營收是否具備可預測性，先要了解影響公司的主要原因為何。必需消費類股的需求穩定，但最大的威脅就是市場競爭。市場競爭愈激烈，想要吸引消費者的方式就是打折扣戰，影響到的就是營收與獲利情況。

想想看，就算平常習慣用P牌的洗衣精或衛生紙，如果今天突然A牌做促銷活動降價一百元，消費者很有可能就會被吸引去試用，甚至一試成主顧。所以必需消費類股的顧客忠誠度是比較低的，公司最好採用「機海戰術」，也就是不管買哪一種品牌，背後的母公司都是寶僑，這樣公司的營收才有成長的機會。

從表15可以看到，寶僑的營收其實滿穩定，雖然近幾年因產業的競爭加劇而趨緩，但在公司積極整併與出清不賺錢的部門後，逐漸恢復成長的軌道，成長率也開始提升。

表 15　寶僑公司 2011 至 2020 年營收狀況

時間	營收（百萬美元）	營收年增率（%）
2011 年 6 月	82,559	4.59
2012 年 6 月	83,680	1.36
2013 年 6 月	84,167	0.58
2014 年 6 月	83,062	-1.31
2015 年 6 月	76,279	-8.17
2016 年 6 月	65,299	-14.39
2017 年 6 月	65,058	-0.37
2018 年 6 月	66,832	2.73
2019 年 6 月	67,684	1.27
2020 年 6 月	70,950	4.83

資料來源：Morningstar／作者整理

獲利穩定性

對成熟型公司來說，維持獲利能力相當重要，這同時也代表了公司的成本與費用管控能力。獲利增加的來源又可以分為「開源」和「節流」兩個部分，開源是增加營收，節流是降低成本。

因為市場競爭大，寶僑縱然擁有品牌優勢，卻無法穩拿定價權，所以要開源是比較困難的。消費品需要靠廣告行銷來吸引消費者的目光，如果成本與費用控制得好，在節流這一塊的優勢就能彰顯出來。

從表16可以看出，寶僑的毛利率與營業利潤率皆維持在穩定的水準，

表 16　寶僑公司 2011 至 2019 營業利潤狀況

時間	毛利率（%）	營業利潤（百萬美元）	營業利潤率（%）	淨利（百萬美元）	每股盈餘（美元）
2011 年	50.6	15,818	19.2	11,797	3.93
2012 年	49.3	14,868	17.8	10,756	3.66
2013 年	49.6	14,789	17.6	11,312	3.86
2014 年	48.9	15,288	18.4	11,643	4.01
2015 年	49.0	13,818	18.1	7,036	2.44
2016 年	49.6	13,441	20.6	10,508	3.69
2017 年	50.0	13,955	21.5	15,326	5.59
2018 年	48.7	13,711	20.5	9,750	3.67
2019 年	48.6	13,832	20.4	3,897	1.43
2020 年	50.3	15,706	22.1	13,027	4.96

資料來源：Morningstar／作者整理

表 17　寶僑公司財務狀況與股利配發

時間	營業現金流（百萬美元）	資本支出（百萬美元）	自由現金流（百萬美元）	股息（美元）
2011 年 6 月	13,231	-3,306	9,925	1.97
2012 年 6 月	13,284	-3,964	9,320	2.14
2013 年 6 月	14,873	-4,008	10,865	2.29
2014 年 6 月	13,958	-3,848	10,110	2.45
2015 年 6 月	14,608	-3,736	10,872	2.59
2016 年 6 月	15,435	-3,314	12,121	2.66
2017 年 6 月	12,753	-3,384	9,369	2.7
2018 年 6 月	14,867	-3,717	11,150	2.79
2019 年 6 月	15,242	-3,347	11,895	2.9
2020 年 6 月	17,403	-3,073	14,330	3.03

資料來源：Morningstar／作者整理

淨利部分則因近幾年整併和出清不賺錢的部門而導致衰退，不過目前已經逐漸回復到正常值，不需要太擔心。

現金流量充沛

在營收穩定增長的情況下，必需消費類股的資本支出就不會有大幅度的變化，透過穩定的自由現金流入，公司便可持續支付股息，維持長期的股息成長紀錄。

表17為寶僑公司近十年的財務狀況，從股息配發金額來看，平均每年大約成長五%。如果不是營運良好的公司，是很難有這麼優秀的表現，可以說，寶僑是一家值得長期持有的好公司。

未來展望

寶僑公司屬於必需消費類股，產品需求持續，加上具有品牌優勢，從上述的財報數字來看，營收相當穩定。

目前寶僑的股息殖利率為二．二%，雖然高於大盤的平均殖利率，但是與最近十年相比仍然偏低。以本益比❷對公司進行估值，目前寶僑的本益比為二八．七倍，高於過去水準，如果以過去十年的本益比區間來看，寶僑的本益比介於十六至三十二倍之間，取中間值在本益比為二十四倍附近會是比較合理的價位，因此投資人可以等待更好的機會再進場投資。

❷本益比（Price-to-Earning Ratio），即投入的成本和獲利的比值，計算公式為「目前股價」除以「未來每股盈餘」（EPS）。本益比常被用來評估一家公司的股價是便宜價或昂貴價。

第5章
發掘新經濟的潛在機會

近十年來，智慧型手機的問世與普及，網路速度倍速成長與發展，讓許多產業掀起革命性的變革。例如我們的消費習慣從實體店面購買轉變為網路購物，企業為了滿足消費者的需求，也已經發展成新零售模式，把線上與線下進行整合。「軟體即服務」產業就是在這樣的環境下發展成熟，讓過去的硬體存儲裝置轉變成雲端服務，也就是隨需隨選、隨需隨購的商業模式。

舉例來說，過去我們想要聽某位歌手的歌曲，就得去唱片行選購CD，現在只要到Spotify（美股代號SPOT）就能隨選隨聽；過去想要觀看某部電影，得去百事達租片，還常常因為逾期而多付了幾十塊錢罰金，現在只要在Netflix上隨選隨看。甚至，未來連家具都可以訂閱，IKEA計畫在未來推出家具訂閱服務，如此就能定期改造自己的居家環境，讓生活變得更有樂趣。

倍速成長的訂閱經濟效益

美股中有許多高速成長的「軟體即服務」公司，都是訂閱經濟公司，由於營收爆發力強，股價在短時間內飆漲數倍，成為市場新寵，例如網飛、Salesforce、Shopify 與 Zoom（美股代號ZM）等公司都是很好的例子。

根據國際研究機構 Garter 預測，到二〇二三年，七五％的公司提供的產品與服務都將採用訂閱方式進行，有七〇％的公司則已建立這項服務或正在考慮提供訂閱服務。美國的訂閱經濟公司在過去七年的營收平均每年成長十八％，相較於標普五百指數的公司平均每年成長僅三．六％，訂閱經濟公司的成長率是多數公司的五倍以上。

訂閱業務受益於穩定和可預測的收入預測、直接從消費者的資料數據優化服務，投入的固定成本很小，卻可以帶來規模效應的特性，不僅是高速成長的雲端股，許多大型企業也積極轉型，從過去所有權為主的買斷制，變成使用權為主的訂閱制，打造一個永續性的商業模式。

由於這個產業正高速發展中，企業數位轉型已成主要趨勢，加上公司營收更穩定且財報的可預測性很高，因此投資人可以更準確地評估未來展望，進行更高效的資本配置，可以說，訂閱經濟是新經濟中的成長潛力新秀。但評估訂閱經濟公司時，只看營收與獲利是絕對不夠，因為多數的「軟體即服務」公司都只有營收成長，卻沒有獲利入袋。

訂閱經濟公司的目標不是單次的買賣行為，而是希望與顧客達成長久的關係。在合作過程中為了滿足客戶的需求、提高滿意度，就必須持續投資、研發與進行併購活動，把所有利潤都投入成長是相當合理的做法。雖然看起來是一間虧損的公司，實際上是以創造未來的收入為目標，拿賺來的錢再投資，不計成本獲取新顧客以擴大市占率，鞏固在產業中的地位。在觀察訂閱經濟公司時，必須關注「營收成長率」、「顧客數量成長」、「每位用戶平均收入」、「年度經常性收入」、「年度合約價值」和「帳單金額」等重點，以下逐一說明。

營收成長率

營收成長率是觀察公司股價動能最重要的指標之一，由於「軟體即服務」公司的成立時間都較短，就好像青少年一樣活力充沛，跑百米抵達終點的速度比成年人或老年人快上許多，所以營收成長率也相當高。

舉例來說，遠距會議軟體公司Zoom的營收從二〇一九會計年度第四季開始，每一季皆有相當亮眼的成長，在二〇二〇年疫情期間，需求大幅提升，讓公司連續兩個季度的營收年成長率超過三〇〇%，也讓二〇二〇年的股價漲幅近五〇〇%。

顧客數量成長

顧客數量對訂閱經濟公司來說相當重要，由於這些公司大多是軟體公司，開發出一套軟體的成本都是固定的，愈多客戶付費訂閱，成本回收愈快。因此公司會透過促銷或免費試用吸引客戶進來，剩下的就是努力留住客戶。

顧客數量與營收成長緊密相關，因為訂閱經濟的營收動能就是來自於顧客數的增長，一旦顧客開始訂閱，持續使用公司產品就會產生源源不絕的營收。訂閱經濟公司通常是採定期簽約、定期付款的營運模式，為了確認公司營收的穩定性，追蹤訂閱公司老顧客的增減以及新客戶數的成長也相當重要。但如果只顧著找新客戶而忽略了售後服務也不行，因為合約期間若顧客覺得服務不好，隨時可以走人，對公司的損失更大。

每位用戶平均收入

透過對「每位用戶平均收入」的了解，可以讓投資人知道公司是否具有競爭優勢，並且掌握定價權。在公司提供的財報中，如果每位用戶平均收入上升，表示公司產品價格上漲，或顧客很滿意公司的服務、買了更多產品，對營收成長也有幫助。如果每位用戶平均收入下降，有可能是競爭太激烈、公司調低產品的售價或顧客買的產品變少，這

表 18　網飛 2019 至 2020 年北美市場財務數據

	2019 年第三季	2019 年第四季	2020 年第一季	2020 年第二季	2020 年第三季
營收（百萬美元）	2,621	2,672	2,703	2,840	2,933
付費用戶	67.11	67.66	69.97	72.90	73.08
淨新增付費用戶	0.61	0.55	2.31	2.94	0.18
每用戶平均收入	13.08	13.22	13.09	13.25	13.40
年成長率	17%	17%	14%	6%	2%
外匯調整後每位用戶平均收入成長率	17%	17%	14%	6%	3%

資料來源：網飛公司財報／作者整理

時就是一個警訊，不要讓煮熟的鴨子又飛到別人家去了。

表18是網飛二〇一九年第三季到二〇二〇年第三季北美市場的財務數據，從表中可以看到，新增的付費用戶成長幅度雖然趨緩，但因為網飛調漲了訂閱費用，每位用戶平均收入還是逐漸提高，維持獲利能力。

年度經常性收入

相較於網飛這種企業對消費者的商業模式，如果一家訂閱經紀公司的商業模式屬於「企業對企業」（B2B）的訂閱經濟公司，這時就應該去檢視公司的「年度經常性收入」。顧名思義，「年度經常性收入」就是會經常發生、公司能持續入帳的收入，計算公式為：「當前的年度經常性收入」減「流失的客戶」加「新增的年度合約價值」。這個指標用來衡量「軟體即服務」公司營運的穩定性，當公司提供服務給企業客戶，幫助客戶提升他們的管理、行銷與銷售能力，為客戶帶來更多的實際好處後，自然會形成對公司的忠誠度，持續地付費訂閱更多的功能。

如果公司流失的客戶少於新增的年度合約價值，表示年度經常性收入有成長，也代表公司具有競爭優勢，不但顧客願意留下來續約，還有可能訂閱更多其他的服務，讓公司更輕鬆地擴大營收。但如果流失的顧客大於新增的年度合約價值，表示年度經常性收入呈現衰退，公司得盡快找新客戶來彌補缺口，不要以為老客戶不值錢，其實老客戶才最有價值。

帳單金額

評估訂閱經濟公司的營收時，應該採用「帳單」的數據。其與營收不同的是，帳單包含已經簽好合約但尚未實際履行業務，所以還沒收到錢，不能認列成營收，然而這是評估公司能否繼續成長的一個更準確指標。

除此之外，訂閱經濟公司會依照本身的行業特性，在財報中列出其他指標，讓投資人可以更了解公司的營運狀況。這些指標包括「活躍用戶數」、「客戶取得成本」、「年度合約價值」等，都是在檢視公司收入的穩定性與可持續性、轉化成未來成長的重要資訊。後面將列舉幾家訂閱經濟公司的發展做進一步分析。

成功轉型訂閱經濟，股價五年漲五倍：Adobe

Adobe（美股代號ＡＤＢＥ）成立於一九八二年，是多媒體軟體開發的領導廠商，為專業人士、行銷、一般消費者提供一系列產品與服務，應用於藝術、網頁設計、影片和動畫製作、遊戲開發等產業，客戶遍及全世界各大企業與品牌，產品包括Photoshop、Illustrator、Premiere Pro、Lightroom CC、InDesign、Adobe XD等。

二〇一二年五月，Adobe首次推出Creative Cloud的訂閱服務，開始推動訂閱制的轉型，不再銷售昂貴的套裝軟體，改以每個月收費的方式讓客戶使用自家的軟體。此舉引起市場一片譁然，華爾街分析師紛紛調低Adobe的目標價，使得股價沉寂了一段時間。

然而隨著轉型成功，二〇一七年的營收突破七十億美元，驅動股價開始強勢上漲，從二〇一五年初到二〇二〇年，股價已上漲超過五六七％，市值超過二三三〇億美元。

產品定位

Adobe的主要產品可分為下列三大業務：

一、**數位媒體**：這是Adobe所有業務中最重要的一塊，占總營收的六九%。旗艦產品是Adobe Creative Cloud，透過訂閱服務，經由線上下載並使用Adobe最新版本的軟體。文件處理軟體Adobe Acroba則提供使用者免費使用Acrobat Reader軟體或觀看PDF檔案、電子簽名Adobe Sign與Adobe Scan等功能。除此之外，Adobe藉由Adobe Sensei所蒐集到的數據，透過AI人工智能和機器學習，幫助客戶擁有更個人化的體驗，減少繁瑣的流程，以增強使用效率。

二、**數位體驗**：數位體驗主要用於協助客戶進行數位轉型，占總營收的二九%。在此業務中，Experience Cloud包含了Adobe Advertising Cloud、Adobe Analytics Cloud、Adobe Marketing Cloud與Magento Commerce Cloud等四個雲產品，利用Adobe的內容與數據平台，幫助企業建立專屬的購買程序、管理廣告，並且深入了解他們的客戶。

三、**出版**：出版部門主要應用於取代或因應傳統印刷市場的需求，占總營收的二%，包括線上教學（eLearning）解決方案、數位文件出版、線上會議與表格平台，透過Adobe PostScript和Adobe PDF印刷科技，使這些生產流程變得更安全有效率。

財務狀況

Adobe在二〇一二年就著手訂閱制的轉型，一開始為了讓原本的顧客接受新的商業

表 19　Adobe 於 2010 至 2019 年營收成長狀況

	營收（百萬美元）	營收年成長率（%）
2010 年 11 月	3,800	28.99
2011 年 11 月	4,216	10.95
2012 年 11 月	4,404	4.45
2013 年 11 月	4,055	-7.91
2014 年 11 月	4,147	2.26
2015 年 11 月	4,796	15.64
2016 年 11 月	5,854	22.08
2017 年 11 月	7,302	24.72
2018 年 11 月	9,030	23.67
2019 年 11 月	11,171	23.71

資料來源：Morningstar／作者整理

模式，在營收上沒有顯著的效益，直到二〇一五年的營收年成長率達到雙位數，較前一年同期成長十五%，才正式踏上高速成長的軌道。

透過持續性的購買，可以改善原本銷售套裝軟體時一次性收入的週期性影響，創造穩定的現金流入，由於不需要一次支付大筆金額，也讓更多新客戶與一般消費者開始願意訂閱，擴展整個市場的覆蓋率，讓收入得以快速成長，在資本配置上更具彈性，得以持續性開發新產品、投資與併購。

從表19可看出，Adobe自二〇一五年以來，營收開始有顯著的成長。二〇一四年的營收為四一・四七億美元，比起二〇一三年的營收四〇・五五億美元，僅成長了二．三%，其中訂閱收入占總營收的比例只有一半。不過二〇一五年的營收就達到四七．九六億美元，年增率躍增十五．六%，訂閱收入占總營收比例提高到六七%。到了二〇一九年的營收達到一一二億美元，年成長二四%，訂閱收入占比達到八九%，最近五年的平均成長率為二二．九%。

由於成功轉型為訂閱公司，Adobe在最近五年的獲利能力也大幅改善。公司的全系列產品都具備高度的護城河，普及程度廣，轉換成本高，讓用戶不會隨便就取消訂閱，自然可以創造更多的盈餘。另外在費用支出上，轉為訂閱制後節省了過去的營銷費用，不需要在經銷商鋪貨，消費者直接到Adobe官網就可以訂閱軟體，省下許多中間成本。所以營業利潤率自二〇一五開始持續提升（參表20），帶動現金流的增長，讓公司有更多資本可以去進行投資，強化用戶體驗，創造一個良性的成長循環。

競爭對手與未來展望

雖然Adobe在數位媒體業務的完整性與功能性幾乎無可匹敵，不過還是面臨一些潛在威脅。例如臉書、Snapchat、Pinterest等公司也都在開發編輯與分享圖像的直接功能，讓許多使用者可以繞過影像軟體的編輯過程，不需要額外購買專業軟體。還有，像是Google、微軟、Dropbox（美股代號DBX）等公司也開發了文件檔案的相關功能來

表 20　Adobe 於 2010 至 2019 年財報數據

	毛利率（%）	營業利潤（百萬美元）	營業利潤率（%）	淨利（百萬美元）
2010 年 11 月	89.4	1,016	26.7	775
2011 年 11 月	89.6	1,197	28.4	833
2012 年 11 月	89	1,177	26.7	833
2013 年 11 月	85.5	449	11.1	290
2014 年 11 月	85	433	10.4	268
2015 年 11 月	84.5	905	18.9	630
2016 年 11 月	86	1,492	25.5	1,169
2017 年 11 月	86.2	2,168	29.7	1,694
2018 年 11 月	86.8	2,840	31.5	2,591
2019 年 11 月	85	3,268	29.3	2,951
	每股盈餘（百萬美元）	營業現金流（百萬美元）	資本支出（百萬美元）	自由現金流（百萬美元）
2010 年 11 月	1.47	1,113	-170	943
2011 年 11 月	1.65	1,543	-210	1,333
2012 年 11 月	1.66	1,500	-271	1,229
2013 年 11 月	0.56	1,152	-188	963
2014 年 11 月	0.53	1,287	-148	1,139
2015 年 11 月	1.24	1,470	-185	1,285
2016 年 11 月	2.32	2,200	-204	1,996
2017 年 11 月	3.38	2,913	-178	2,735
2018 年 11 月	5.2	4,029	-267	3,763
2019 年 11 月	6	4,422	-394	4,027

資料來源：Morningstar／作者整理

與Adobe Document Cloud競爭，而應用於數位簽名與電子合約的Adobe Sign，則有目前產業內市占率最高的DocuSign（美股代號DOCU）與之競爭。

但我認為，Adobe長時間累積的競爭優勢很難被超越，尤其是軟體輸出格式已經形同產業標準，加上公司目前致力於發展人工智慧技術，整合所有裝置，提升產品性能與擴展服務範圍，依照Adobe自己的預估，到二〇二二年的潛在市場規模將達到一二八〇億美元，而公司最近一年的營收金額僅一一二億美元，不到預估規模的一〇%，就長期而言，Adobe仍相當具有發展潛力。

想要評估Adobe合適的進場時機，由於成長股的股價通常建立在市場對公司未來的預期之上，因此估值都偏高，用本益比來估值並不合適。主要還是觀察「營收成長率」與「股價／營收比」這兩個指標，判斷目前的價格水位。另外也可參考彼得林區評價法，透過本益成長比❸或盈餘趨勢線來觀察過去的價格走勢（詳見第10章），在低於趨勢線時分批進場布局。

雲端服務先驅，躍升新道瓊成分股：Salesforce

Salesforce是「軟體即服務」行業的先驅，最早將客戶關係管理（CRM）轉型為訂閱制，導入「軟體即服務」的商業模式。客戶關係管理是企業透過軟體，將銷售、行銷與客服等完整的銷售流程進行整合與分析，提高資源的使用效率，也可以增強客戶的使用體驗，可說是現代商業中不可或缺的重要工具。

在過去，傳統的客戶關係管理系統價格昂貴，公司的專業軟體原本局限於服務高端市場，中小企業無力負擔。現在經由雲端服務，讓公司的市場延伸到低端市場，幫助了許多中小企業不必購買價格高昂的設備與軟體，只要每個月支付訂閱費用就能使用需要的服務，而且還能自動更新軟體，省下許多維護費用和成本，創造了額外的商業價值。

也因為如此，Salesforce 在二〇二〇年首次被加入道瓊成分股中。道瓊成分股的調整代表整體美國經濟的變革，該公司的加入也足以證明數位轉型的趨勢已不可逆，雲端經濟已成為市場主流，具有指標性的意義。

主要業務

Salesforce 的主要業務如下：

---

❸本益成長比（PEG）等於本益比（PE）除以盈餘成長率（G），當PEG小於一，股價相對低估；PEG等於一，股價為合理價；PEG大於一，股價相對高估。

銷售雲（Sales Cloud）：以更有效率的方式進行銷售，包括存儲、分析與預測數據、追蹤訂單進度，直接透過雲端平台進行交易。

服務雲（Service Cloud）：為了讓公司更好且更智能地進行客戶支援與服務，透過雲端平台與客戶進行即時聯繫，並且進行快速的人員調度與即時追蹤，提升顧客滿意度。

行銷雲（Marketing Cloud）：透過雲端服務進行大數據的分析與預測，以精準掌握目標客戶，提高顧客的參與度、轉化率與忠誠度。

Salesforce **平台與其他**：除了上述三項業務，Salesforce Customer 360 平台還有其他相關功能可以進行客製化的選用，直接為企業打造專屬的顧客關係管理平台。

財務狀況

Salesforce 在二〇二〇年成為道瓊成分股之列，可說是其中成長性最好的一家公司。由於不斷地拓展業務範圍、進行併購與垂直整合擴大規模，使得營收維持高速成長，收入從二〇一一年的十七億美元，到了二〇二〇年已達一七〇億美元（參表21），平均每年成長將近三〇%，直至二〇二〇年底還沒有減速的跡象。

再看看表22，雖然營收成長快速，但公司為了鞏固市場地位與擴大市占率，獲利幾乎都再投入成長，因此營收費用、行銷廣告的支出很大，毛利率維持穩定，營業利潤率

表 21　Salesforce 於 2011 至 2020 年的營收數據

	營收（百萬美元）	營收年增率（%）
2011 年 1 月	1,657	26.93
2012 年 1 月	2,267	36.77
2013 年 1 月	3,050	34.58
2014 年 1 月	4,071	33.47
2015 年 1 月	5,374	32
2016 年 1 月	6,667	24.07
2017 年 1 月	8,392	25.87
2018 年 1 月	10,480	24.88
2019 年 1 月	13,282	26.74
2020 年 1 月	17,098	28.73

資料來源：Morningstar／作者整理

持續偏低，二〇一六年之前仍處於虧損狀態，直到二〇一七年開始連續四年都有盈餘。

雖然沒有長期的獲利紀錄，但這也是高成長股的特性之一，從另一個角度看，Salesforce 的優點是現金流量與財務體質都有持續提升，自由現金流量持續擴大，可以擁有更彈性的資本配置，也不會有短期流動性的問題，造成公司無法正常營運的危機。

重要指標

Salesforce 提供了「剩餘績效義務」（Remaining Performance Obligation, RPO）這個指標來衡量公司的營收穩定性，判斷未來是否能夠有持續的收

表 22　Salesforce 的財報數據

	毛利率（%）	營業利潤（百萬美元）	營業利潤率（%）	淨利（百萬美元）
2011 年 1 月	80.5	97	5.9	64
2012 年 1 月	78.4	-35	-1.5	-12
2013 年 1 月	77.6	-111	-3.6	-270
2014 年 1 月	76.2	-286	-7	-232
2015 年 1 月	76	-146	-2.7	-263
2016 年 1 月	75.2	115	1.7	-47
2017 年 1 月	73.4	64	0.8	180
2018 年 1 月	73.5	236	2.2	127
2019 年 1 月	74	535	4	1,110
2020 年 1 月	75.2	463	2.7	126
	每股盈餘（美元）	營業現金流（百萬美元）	資本支出（百萬美元）	自由現金流（百萬美元）
2011 年 1 月	0.12	459	-369	90
2012 年 1 月	-0.02	592	-171	420
2013 年 1 月	-0.48	737	-180	557
2014 年 1 月	-0.39	875	-299	576
2015 年 1 月	-0.42	1,174	-417	757
2016 年 1 月	-0.07	1,613	-710	903
2017 年 1 月	0.46	2,162	-464	1,698
2018 年 1 月	0.49	2,738	-534	2,204
2019 年 1 月	1.43	3,398	-595	2,803
2020 年 1 月	0.15	4,331	-643	3,688

資料來源：Morningstar／作者整理

圖 9　Salesforce 於 2018 至 2020 年 RPO

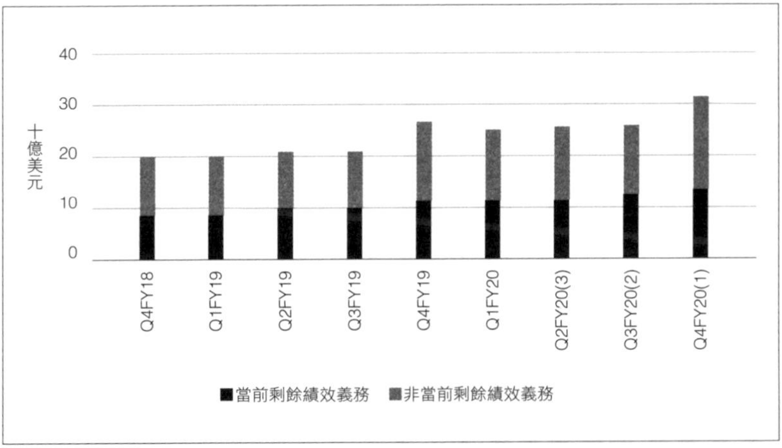

資料來源：美國證券交易委員會

入來源。剩餘績效義務是指已經簽訂合約但還沒有完成的服務內容，這部分如果持續成長，對公司來說是好現象，表示未來的收入具有持續性，可以將資金先進行規畫與分配，進行投資以提供更好的服務。

觀察圖9，其中的「當前剩餘績效義務」（Current RPO）是指十二個月之內即將完成的合約內容，而「非當前剩餘績效義務」（Non-current RPO）則指十二個月之後才會完成的合約，整體剩餘績效義務的走勢呈現穩定上升趨勢。不過當「非當前剩餘績效義務」積壓太多的時候，就要注意後續是否會有訂單大幅流失的風險。

競爭對手與未來展望

在目前的客戶關係管理軟體市場當中，市占率排名前五名的公司分別為Salesforce、SAP（美股代號SAP）、甲骨文（Oracle，美股代號ORCL）、Adobe與微軟。就軟體市場來看，Salesforce軟體是目前發展最快速的企業軟體類型，占全球企業軟體市場總收入的四分之一。二〇一八年，全球企業在Salesforce軟體的支出成長了十五・六%，達到四八二億美元。而目前這樣的成長態勢仍在進行中，預計到了二〇二五年會成長到八百億美元。

由於Salesforce很早就採用訂閱制的商業模式，在這個領域已具有規模優勢。加上公司積極併購，在二〇一九年斥資一五三億美元收購數據視覺化軟體Tableau後，二〇二〇年底又宣布以二七七億美元併購通訊軟體平台Slack（美股代號WORK），整合產業中的公司，並為顧客提供更全面的服務，不斷地透過新增的業務功能吸引顧客購買，同時也降低了營運成本，進而增加獲利。尤其在加入道瓊成分股之後，絕對是不容忽視的雲端王者！

人資管理軟體，優異的高速成長股：Paycom

Paycom（美股代號PAYC）成立於一九八八年，是一家提供人力資本管理（Human Capital Management, HCM）服務、成長相當快速的「軟體即服務」公司。二〇一四年公開上市，在二〇二〇年一月二十八日被納入標普五百的成分股。

相較於Salesforce，Paycom的業務單純許多，鎖定員工數介於五十至五千名的中小型企業，提供顧客從招聘人才到人員退休的整個就業週期，包括員工招聘、薪資管理、勞動力管理與優化員工績效等業務部門，最大的收入來源為薪資單處理。截至二〇一九年底，公司擁有超過兩萬六千五百名客戶，並且享有極高的客戶滿意度，每年的客戶留存率皆超過九〇%。

主要業務

Paycom的業務範圍涵蓋下面五個主要部門，建立統一的系統來整合並管理員工資料庫，簡化一切與人力資本有關的流程，提高工作效率。

一、**薪資單**：這是Paycom最大的營收來源，提供薪資付款解決方案，計算薪資並定時向員工進行轉帳。

二、**人才招聘**：尋找可以為公司創造最佳績效的員工，提供雇用與到職的流程規畫。

三、**人才管理**：企業內部的培育訓練規畫，將績效與薪酬連結，提高員工滿意度，才能留住好的人才。

四、**人力資源管理**：自動化文件與任務管理，即時的數據交換與文件簽核，讓工作流程可以更順暢。

五、**時間與勞動管理**：利用軟體功能來追蹤工作流程與出勤時間，提升工作效率與妥善分配勞動力。

財務狀況

Paycom的收費方式是按照「企業支薪的員工數量」去計費。雖然中小企業的員工數很少，但美國的中小企業數量其實相當多，而Paycom選擇從這個市場出發，不與行業中的領導者直接競爭是相當聰明的選擇。

在二〇一〇年時，Paycom的營收僅五千七百萬美元，到二〇一九年已經接近七．四億美元（參表23），營收成長相當快速。驚人的是，最近五年的營收平均每年都成長三七．四%，符合高速成長股的特質。

表 23　Paycom 於 2011 至 2019 的營收狀況

	營收（百萬美元）	營收年成長率（%）
2011 年 12 月	57	-
2012 年 12 月	77	34.27
2013 年 12 月	108	40.09
2014 年 13 月	151	40.27
2015 年 12 月	225	48.85
2016 年 12 月	329	46.51
2017 年 12 月	433	31.57
2018 年 12 月	566	30.78
2019 年 12 月	738	30.25

資料來源：Morningstar／作者整理

只要營收成長快，公司的毛利率就會逐年增高，從表24就可看出，現在Paycom已是一家獲利公司。大體而言，「軟體即服務」公司的研發與營銷費用占比都會比較高，需要用更高的支出去換取成長。但Paycom在成本控管上相當優秀，營業利潤率與淨利率逐年成長，自由現金流也在增加，財務體質相當穩健。所以即便正處於高速擴張的階段，也不需要擔心短期會有流動性的風險，造成公司營運上的困難。

重要指標

評估Paycom營運狀況的關鍵指標有幾項，包括「客戶數量」、「銷售團隊數量」、「年營收保留率」以及「經常性收入」。由於顧客要訂閱Paycom的軟體功

表 24　Paycom 的財報數據

	毛利率（%）	營業利潤（百萬美元）	營業利潤率（%）	淨利（百萬美元）
2011 年 12 月	76.8	1	2.5	1
2012 年 12 月	78.7	6	8	0
2013 年 12 月	80.6	9	8.7	8
2014 年 12 月	81.9	15	10.4	6
2015 年 12 月	84.2	34	15.3	21
2016 年 12 月	83.6	58	17.6	44
2017 年 12 月	83.4	79	18.2	67
2018 年 12 月	84	174	30.7	137
2019 年 12 月	85.1	226	30.7	181
	每股盈餘（美元）	營業現金流（百萬美元）	資本支出（百萬美元）	自由現金流（百萬美元）
2011 年 12 月	0.03	9	-15	-6
2012 年 12 月	-0.01	11	-6	5
2013 年 12 月	0.01	24	-17	7
2014 年 12 月	0.11	22	-14	8
2015 年 12 月	0.36	43	-17	26
2016 年 12 月	1.19	99	-44	55
2017 年 12 月	2.1	130	-59	71
2018 年 12 月	2.34	185	-60	125
2019 年 12 月	3.09	224	-93	131

資料來源：Morningstar／作者整理

表 25　Paycom 的關鍵指標數據

關鍵指標	2019	2018	2017
客戶數	26,527	23,533	20,591
客戶數（基於母公司分組）	13,581	12,754	11,111
銷售團隊數	50	49	45
年度收入保留率	93%	92%	91%

資料來源：Paycom 2019 年報／作者整理

能，就得定期支付訂閱費給 Paycom，所以只要觀察經常性收入的成長便能判斷公司的未來表現。

透過表 25 可以看到，Paycom 的客戶數量逐年增加，是營收成長的主要動能。也因為需要服務的客戶變多，為了滿足顧客即時的需求與問題，並且提高顧客滿意度與創造長期的合作關係，銷售團隊的數量勢必也要隨著客戶數量增加而提高。

最後則是年度收入保留率，這個指標追蹤現有客戶的留存率，衡量客戶是否滿意公司的服務，願意留下來繼續付費訂閱。一家公司要維持一〇〇%的保留率相當困難，但應該將流失率控制在一定的水準，以免營收大幅下滑。

除此之外，因為 Paycom 會代替客戶處理薪資的稅務申報，所以會先向客戶收錢再去繳稅。這筆資金中間停留時間約一百二十天，在這段時間，Paycom 會把錢投資於貨幣市場基金、活期存款與商業票據等來收取利息。隨著為客戶提供的服務愈來愈多，再藉由投資收益提升公司的獲利，也是相當聰明的做法。

競爭對手與未來展望

產業中的競爭者包括主要領導企業SAP、Workday（美股代號WDAY）與甲骨文等規模較大的企業，另外還有其他規模較小的競爭者如Paychex（美股代號PAYX）、Paylocity（美股代號PCTY）與Ultimate Software（美股代號ULTI），前十大人力資本管理廠商市占率約占整個市場的四三％。

根據研究機構預測，全球人力資本管理市場的規模預計從二〇二〇年的一七六億美元，增長到二〇二五年的二四三億美元，在預測期內的複合年增長率為六．七％，是軟體行業中發展最快的產業之一。

而數位轉型是現代企業的趨勢，不僅是外部管理，對內也可以提升營運效率，幫助企業內部的管理與溝通，提升認同感，並達到企業核心目標。最早採用創新解決方案的一定是大企業，而在技術推動成本逐漸降低的情況下，市場也會愈來愈普及。

Paycom 從中小企業的利基市場崛起，未來可以持續擴大服務範圍。由於中小企業採納數位轉型的速度比較滯後，這也代表 Paycom 未來仍相當具有成長潛力。

市占第一的雲端電子簽名公司：DocuSign

DocuSign（美股代號DOCU）成立於二〇〇三年，是一家提供電子簽名的雲端服務商，二〇一八年併購雲端管理合約平台公司 SpringCM 之後，將業務範圍擴及至電子合約製作、簽訂與管理，提供更完整的解決方案。目前擁有超過六十六萬名付費客戶和數億名用戶，是電子簽名市場中市占率最高者，占比達七〇%，包括電信公司 T-Mobile、消費品大廠聯合利華（Unilever）、客戶關係管理龍頭Salesforce 等公司都是它的客戶。

Docusign 的主要產品為「協議雲」（Agreement Cloud），提供一個平台讓客戶可以建立專屬文件、直接在電子文件簽名、付款並進行後續管理。傳統簽訂合約的流程通常需要費耗許多人力與時間，在將這些繁複的文書作業轉到線上作業後，不僅大幅節省所需時間，從原本可能幾天縮減到幾個小時，還可以避免人工造成的錯誤，快速檢視合約內容，查看合約期限與管理，提高效率與顧客體驗。

財務狀況

DocuSign 於二〇一八年五月公開上市，目前提供公開查詢的營運數據可追溯至二〇一六年。公司有九五%的營收來自於訂閱收入，與每位客戶簽訂平均時間為一到三年的

表 26 DocuSign 於 2016 至 2020 年營收狀況

	營收（百萬美元）	營收年成長率（%）
2016 年 1 月	250	-
2017 年 1 月	381	52.29
2018 年 1 月	519	35.93
2019 年 1 月	701	35.19
2020 年 1 月	974	38.95

資料來源：Morningstar／作者整理

合約，讓客戶每年進行付款。二〇一六年，DocuSign的營收僅二．五億美元，到了二〇二〇年已經成長到九．七億美元，近三年營收平均成長率為三六．六八％，處於相當高速的成長階段（參表26）。

由於軟體公司的行業特性，公司的客戶愈多，成本效益就愈大，DocuSign的毛利率一直維持在七〇％以上，而且從二〇一六年的七〇．五％上升到二〇二〇年的七五％，獲利能力愈來愈好。只不過因為營銷費用太高，包括銷售、研發、管理費用等費用一年比一年高，占總營業費用的七七％，使得公司到現在還沒有實際的獲利入帳（參表27）。

前面介紹過的Adobe、Salesforce與Paycom都是已經有獲利的雲端公司，股價隨著公司盈餘成長而高速上漲是相當合理的事。但DocuSign直至二〇二〇年都還未開始獲利，股價卻在過去五年翻了四倍，這到底是怎麼一回事？沒有盈餘的公司還可以投資嗎？一間沒有賺錢的

表 27　DocuSign 於 2016 至 2020 年財報數據

	毛利率（%）	營業利潤（百萬美元）	營業利潤率（%）	淨利（百萬美元）	每股盈餘（美元）
2016 年 1 月	70.5	-119	-47.6	-123	-0.89
2017 年 1 月	73.1	-116	-30.4	-115	-4.17
2018 年 1 月	77.2	-52	-10	-52	-1.66
2019 年 1 月	72.5	-426	-60.8	-426	-3.16
2020 年 1 月	75	-194	-19.9	-208	-1.18

資料來源：Morningstar／作者整理

公司，股價卻持續上漲的原因是什麼？我們又該用什麼方式評估它的未來股價發展？

從表26和27來看，DocuSign的營收成長與毛利率都相當優異，重點是公司把賺來的錢都先拿去搶市占率，盡可能吃下電子簽名與合約市場這塊大餅。觀察它的年報數字（參表28），二〇二〇年花在銷售與行銷的費用為五．九一億美元，占了總營業費用的六一%，是公司最大的支出項目，再加上研究與發展、一般與行政支出，其實已經透支。

不過，這些花費都是為了未來的成長，投資人應該思考現在的投資有沒有辦法為公司帶來未來的現金流，以及公司的財務體質是否良好，如果發生突發狀況，有沒有辦法度過危機。

目前看來，公司的費用增加速度已經下降，二〇一九年的營業費用九．三五億美元比二〇一八年多一倍，但二〇二〇年縮減至九．二四億美元，營業利潤

表 28　DocuSign 於 2018 至 2020 年營業費用（百萬美元）

	2018	2019	2020
銷售與行銷	277,980	539,606	591,379
研究與發展	92,428	185,968	185,552
一般與行政	81,526	209,297	147,315
總營業費用	451,884	934,871	924,246

資料來源：DocuSign 2020 年報／作者整理

率也從負六〇・八％提升到負十九・九％。以這樣的趨勢發展下去，有可能在未來幾年轉虧為盈。

另外，投資人還應關注公司的現金流量表。營業現金流成長，表示銷售額持續增長，從表29可以看出，二〇一六年的營業現金流為負六千八百萬美元，到二〇二〇年已轉為正一・一六億美元，在持續投資與併購下，自由現金流量可以維持在一定的水準。

但沒有盈餘的公司還能投資嗎？檢視 Docusign 的財務報表後，會發現公司的現金資產充裕，負債比也沒有過高，先衝成長的決策是相當正確的。倘若未來遇到市況不好，公司不太可能面臨短期的流動性危機，在逆風時改採較保守的策略，減少費用維持營運即可。

競爭對手與未來展望

在上市公司中，Adobe 的 Adobe Sign、Dropbox 的 HelloSign 以及Citrix（美股代號ＣＴＸＳ）的 RightSignature 都是電子簽名

市場中的競爭者，也有許多未上市的新創公司正在積極拓展。

由於企業對於工作效率提升、安全性與供應鏈管理需求的增長，研究機構MarketsandMarkets預估，全球的電子簽名市場將從二〇二〇年的二十八億美元成長至二〇二六年的一百四十一億美元，每年將會以三一．〇四%的複合成長率成長。若DocuSign的市占率可以維持在七〇%，等於擁有九十八．七億美元的潛在機會，從二〇一九年的總營收九．七四億美元來看，成長空間相當大。

原本已處在高速成長軌道的電子簽名與合約市場，因為二〇二〇年新冠肺炎疫情，造成需求急速升溫，使得DocuSign的業績大幅增加。公司的成長策略除了吸引新客戶，還包括舊客戶增加購買其他方案與國際市場的布局，在電子簽名的普及率逐漸提高、導入新客戶的數量持續增加的情況下，潛在商機很大，

表29　DocuSign於2016至2020年現金流量表

	2016年1月	2017年1月	2018年1月	2019年1月	2020年1月
營業現金流（百萬美元）	-68	-5	55	76	116
資本支出（百萬美元）	-28	-43	-19	-30	-72
自由現金流（百萬美元）	-96	-48	36	46	44
流動比率	1.66	1.16	1.12	1.91	1.36
負債比率（%）	0	0	0	27	34

資料來源：Morningstar／作者整理

顯見DocuSign的未來發展十分值得期待。

想要評估Docusign合適的進場時機，比起已有盈餘的成長股，公司尚未開始獲利是因為把錢都去衝成長，所以營收爆發性會更強，股價反而追著營收成長率跑。營收成長率對公司的股價影響相當大，營收成長愈高，股價漲勢愈凶，投資人若用「股價／營收比」判斷目前的價格是否被低估，反而會產生買高賣低的偏誤，所以判讀時最好加入技術型態的輔助來控制風險（詳見第四部）。

網路安全雲端領導者：CrowdStrike

CrowdStrike（美股代號CRWD）成立於二〇一一年，是提供網路安全雲端服務的領導者。由於網路活動愈來愈普及，我們現在無時無刻都在網路上提供個人的資訊、購買行為及其他隱私相關的紀錄。但近幾年來，許多大型企業因為遭到駭客攻擊，導致使用者個資大量外洩，每一次都造成至少數十億美元的損失，也因此網路安全的重要性日益升高，是未來發展的重要趨勢之一。

過去企業在進行資訊安全布局時，需要為單一設備進行軟體安裝，或是必須架設大型伺服器來進行監控與管理，CrowdStrike提供的「安全雲」（Security Cloud）將所有的網

表 30　CrowdStrike 於 2017 至 2020 年營收狀況

	營收（百萬美元）	營收年成長率（%）
2017 年 1 月	53	-
2018 年 1 月	119	125.14
2019 年 1 月	250	110.37
2020 年 1 月	481	92.7

資料來源：CrowdStrike 2020 財報／作者整理

路安全服務，像其他的雲端服務公司一樣線上化，透過雲端平台 Falcon 串聯筆記型電腦、桌上型電腦與伺服器多點運行，並藉由AI人工智慧更智能、更即時地檢測到威脅並阻止安全漏洞，幫助企業在面對網路安全問題時，可以更全面、更有效率地進行防禦與管理。在全世界已經擁有超過五千四百三十一個訂閱戶，其中《財星》（*Fortune*）一百大公司裡就有一半是它的客戶。

財務狀況

CrowdStrike 在二〇一九年六月公開上市，目前提供公開查詢的營運數據可追溯至二〇一七年。最近三年客戶數每年均有超過一倍的成長，表示CrowdStrike 所處的產業還在高速擴展階段，營收從二〇一七年的五千三百萬美元成長到二〇二〇年的四・八億美元，最近三年平均每年營收成長一〇八%（參表30）。

CrowdStrike 成長得愈快，累積的客戶愈多，可以蒐集到的病毒資料庫也就愈龐大。在這樣的情況下，公司的成本效率隨之提升，服務的即時性與全面性也更好，讓客戶愈來愈依賴公司，養出客戶的忠誠度。

觀察CrowdStrike的獲利能力，毛利率從二〇一七年的三五．五%到二〇二〇年已成長到七〇．六%，營業利潤率也從二〇一七年的負一七一．七%大幅提升至二〇二〇年的負三〇．三%（參表31）。而二〇二〇年花在銷售與行銷的費用約二．六七億美元，占總費用的五五%，是最大一筆支出，如果再加上研究與開發、一般與行政的支出就已經透支了。現階段這個費用有可能還會成長，是影響獲利能力的關鍵（參表32）。

如同雲端成長股DocuSign的例子，CrowdStrike的營收成長飛速，毛利率維持在七〇%左右，但也因為處在高速擴張階段，必須支出大規模的營銷費用，使得公司目前還未開始獲利。

接著觀察CrowdStrike的現金流量表（參表33），二〇二〇年的營業現金流已從前一年流出兩千三百萬美元，變成擁有一億美元的現金流入，自由現金流也由負轉正，從二〇一九年的負六千六百萬美元，到擁有一千兩百萬美元的自由現金流入。正現金流可以讓公司在未來的資本配置上更靈活，加上充沛的現金資產，流動比率為二．三八，負債比率更是趨近於零，對公司展望來說是相當良好的訊號。

表 31　CrowdStrike 於 2017 至 2020 年財報數據

	2017 年 1 月	2018 年 1 月	2019 年 1 月	2020 年 1 月
毛利率	35.5	54.1	65.1	70.6
營業利潤（百萬美元）	-91	-131	-137	-146
營業利潤率	-171.7	-110.7	-54.8	-30.3
淨利（百萬美元）	-91	-135	-140	-142
每股盈餘（美元）	-0.63	-0.83	-0.82	-0.96

資料來源：Morningstar／作者整理

表 32　CrowdStrike 於 2018 至 2020 年營業費用（千美元）

	2018	2019	2020
銷售與行銷	104,277	172,682	266,595
研究與發展	58,887	84,551	130,188
一般與行政	32,542	42,217	89,068
總營業費用	195,706	299,450	485,851

資料來源：美國證券交易委員會／作者整理

表 33　CrowdStrike 於 2017 至 2020 年現金流量表

	2017 年 1 月	2018 年 1 月	2019 年 1 月	2020 年 1 月
營業現金流（百萬美元）	-52	-59	-23	100
資本支出（百萬美元）	-13	-30	-43	-87
自由現金流（百萬美元）	-65	-89	-66	12
流動比率	-	0.93	1.18	2.38
負債比率（%）	0	7	0	0

資料來源：Morningstar／作者整理

表34　CrowdStrike於2018至2020年的訂閱客戶數

	2018	2019	2020
訂閱客戶數	1,242	2,516	5,431
年成長率（%）	176	103	116

資料來源：美國證券交易委員會／作者整理

關鍵指標

CrowdStrike在年報中提供的關鍵指標率，包括「訂閱客戶數量」、「年度經常性收入」與「基於美元的淨保留率」，都可以用來衡量公司的營運表現與營收穩定性。

一、**訂閱客戶數量**：由於企業開始拋棄傳統的安全軟體，將這部分的需求轉移至像CrowdStrike這樣的網路安全雲端服務商，使得公司的訂閱客戶數從二〇一八年的一千兩百四十二個，成長至二〇二〇年的五千四百三十一個，每年成長超過一倍，是相當驚人的成長率，也是營收快速成長的動能（參表34）。

二、**年度經常性收入**：觀察這項指標的變化，可以了解公司目前的營運狀況。當年度經常性收入的成長率愈高，代表舊客戶續約與新客戶購買呈現成長狀態；但若成長率降低，則要小心客戶流失的風險，顯示未來成長性趨緩。CrowdStrike的年度經常性收入雖然從二〇一八年的一四〇%下滑到二〇二〇年的九二%，仍維持在相

表 35　CrowdStrike 於 2018 至 2020 年的年度經常性收入

	2018	2019	2020
年度經常性收入（千美元）	141,314	312,656	600,456
年成長率（%）	140	121	92

資料來源：美國證券交易委員會／作者整理

當高的水準（參表35）。

三、**基於美元的淨保留率**：「基於美元的淨保留率」的變化是衡量舊客戶續訂情況的指標，當淨保留率上升，表示公司除了原本的服務外，額外購買了其他功能；當淨保留率下滑，則表示公司減少了對服務的購買，是一項負面訊號。通常這個比率應維持在一二〇%以上。CrowdStrike的平台架構相當完整，在公司的Falcon平台上提供十一個雲端模組，跨越多個大型安全市場，包括端點安全，安全和IT操作（包括漏洞管理）以及威脅情報，運用AI人工智慧建立更即時的偵測功能。在全面的服務下，讓顧客可以購買更多功能模組來提高淨保留率，大約有五五%的客戶購買四或四個以上的模組，超過三五%的客戶購買五或五個以上的模組，讓公司在這個指標上維持穩定的水準，從二〇一八到二〇年的「基於美元的淨保留率」分別是一一九%、一四七%、一二四%。

競爭對手與未來展望

競爭對手除了傳統的防毒軟體公司如McAfee、微軟以及博通

（Broadcom，美股代號AVGO）在二〇一九年併購的「賽門鐵克」（Symantec），目前有提供網路安全的雲端服務商還包括 Palo Alto（美股代號PANW）和 FireEye（美股代號FEYE），CrowdStrike 雖然不是這個市場中規模最大的公司，卻具有先行者優勢，居產業中的領導地位。

根據研究統計，全球網路安全市場的規模在二〇一七至二一年之間，每年平均會成長十二至十五%，到了二〇二五年，使用雲端防護平台的用戶將占資安產業的九五%，而目前的使用率僅二〇%，顯示仍有相當大的發展空間。

在目前的市場上，CrowdStrike 是唯一一家專注於端點安全部署的純網絡安全供應商，比大多數的端點安全替代方案更有效且更易於設定、使用與進行防護。除了已在美國市場打好根基，二〇一九年的市場占有率比前一年還成長了一倍，在端點安全軟體中排名第四。目前正積極擴展海外市場，增加營收來源。在二〇一八至二〇年的會計年度，CrowdStrike 從國際市場獲得的收入占總收入的比例從十七%成長到二六%，足見未來的發展很值得投資人期待。

第三部

用實際數據評估公司

該如何知道自己的判斷是正確的？

最好的方式是閱讀公司的財報，用具體的數字來佐證。

因爲公司對於自家的商業模式、產品種類、

市場分布與未來展望通常都交代得非常清楚，

只要有心讀過一次財報，

對於公司的背景至少可以掌握七、八成以上。

第6章 美股財報公布日，你應該注意的事

該如何知道自己的判斷是正確的？最好的方式是閱讀公司財報，用具體的數字來佐證。過去閱讀台股財報時總覺得非常枯燥無聊，甚至感覺像在讀天書，讀完後還是沒辦法判定公司是否值得投資。自從開始投資美股，我對於看財報這件事大大改觀，反而覺得非常有趣，因為公司對於自家的商業模式、產品種類、市場分布與未來展望通常都交代得非常清楚，只要有心讀過一次財報，對於公司的背景至少可以掌握七、八成以上。

美股財報種類

投資人想要搜尋美股公司的財報時，通常有以下幾種文件格式可供選擇：

- 年報：10－K（美國公司年報）、20－F（非美國公司年報）。
- 季報：10－Q（美國公司季報）、6－K（非美國公司季報）。

- 重大事項報告：8-K。
- 內部人持股變動書：Form 4。
- 股權變動書SC 13G、股權變動補充文件SC 13G/A。
- 機構投資者股權變動：13F。
- 美國公司上市公開說明書：S1（美國公司）、F1（非美國公司）。

年報：10-K（美國公司年報）、20-F（非美國公司年報）

在每一個會計年度結束後，美國證券交易委員會要求美股上市公司依照公司規模大小，必須在六十至九十天內提交年報，也就是10-K，非美國註冊、但在美國掛牌上市的公司則需提交20-F，內容包含公司業務、組織結構、財務報表與管理層的薪酬分配等資訊，是幫助投資人進行決策的重要依據。

想要認識一家公司，最好的方式就是從閱讀一家公司的年報開始。由於每一家公司的描述都相當完整詳細，就好像幫自己上了一堂商業分析課，增強商業思維與財務思維。

季報：10-Q（美國公司季報）、6-K（非美國公司季報）

在每一季結束後，美國證券交易委員會要求美股上市公司必須在四十至四十五天內提交季報，也就是10－Q，非美國註冊、但在美國掛牌上市的公司則需提交6－K，內容包含該季度的財務狀況、管理層的分析與討論，以及其他相關訊息揭露。若是外國在美國上市的公司，則應提交6－K文件作為申報文件。

從季報中可以觀察公司在前三個月內的營運表現，與前一年的數字進行比較，避開一年中淡旺季的影響，更好地呈現出公司的營運狀況與成長趨勢。

重大事項報告書：8－K

當公司有任何重大事件或公司內部變更，包括收購、破產、董事辭職或會計年度變更等事項需通知大眾時，就得提交重大事項報告書（8－K）。上市公司直接藉由8－K報告重大消息與異動，如此能與投資人有更好的溝通，避免媒體誤導與內線交易嫌疑。

內部人持股變動書：Form 4

公司董事、高階主管與其他任何擁有公司一〇％股權以上的股東，在買賣股票後兩天內，皆應提供內部人持股變動書（Form 4）給美國證券交易委員會。

內部人是最了解公司營運狀況的人，追蹤他們的進出狀況也等於提前掌握公司未揭露的訊息，而持有一定比例股權以上的大股東，對公司也會有更深入的分析與產業的研究，其買進與賣出的動作具有重要的參考價值。

股權變動書 SC 13G、股權變動補充文件 SC 13G/A

為維持公開、透明的原則，讓一般投資人能掌握上市公司股權流通情況，外部投資人初次買入美國上市公司股票、股權占公司在外流通股數五%以上時，須在一定時間內提交股權變動書（SC 13G）給美國證券交易委員會。在持股公告後，當投資人持股又有發生變動（買進或賣出），則要再提交股權變動書補充文件（SC 13G/A）來進行說明。

機構投資者股權變動書：13F

管理資產超過一億美元的機構投資人，像是避險基金、養老基金或主權基金等，在每一季結束後四十五天內，應提交機構投資者股權變動書給美國證券交易委員會，揭露目前的持股組合。由於機構投資人具有推動市場的能力，一般投資人可以藉由聰明錢的去向，評估公司股價的未來發展。

公開說明書：S1（美國本土公司）、F1（非美國公司）

美國本土公司申請公開發行股票時，應向美國證券交易委員會提交美國公司上市公

表 36　美股財報種類

財報種類	說明
• 10-K（美國公司年報） • 20-F（非美國公司年報）	應在會計年度結束後必須在 60 至 90 天內提交，內容包括公司業務、組織結構、財務報表、管理層的薪酬與分配。
• 10-Q（美國公司季報） • 6-K（非美國公司季報）	每季結束 40 至 45 天內提交。
• 8-K（重大事項報告書）	公司有任何重大事件或公司內部變更，包括收購、破產、董事辭職或會計年度變更等事項時提交。
• Form 4（內部人持股變動書）	公司董事、高階主管與其他任何擁有公司 10% 股權以上的股東，在買賣股票後兩天內提交。
• SC 13G（股權變動書） • SC 13G/A(股權變動書補充文件）	初次買入美國上市公司的股票，股權占公司在外流通股數 5% 以上，以及後續股權變動時提交。
13F（機構投資者股權變動書）	管理資產超過一億美元的機構投資人，在每一季結束後 45 天內提交。
• S1（公開說明書） • F1（非美國公司公開說明書）	美國本土公司或外國公司想在美國上市時提交。

資料來源：Investor.gov ／作者整理

開說明書（S1）文件，內容包含業務內容、競爭策略與優勢、財務結構、募得資金用途與可出售股份等訊息，讓投資人了解公司目前的營運狀況。若是外國公司想赴美上市，則應提交F1文件作為申報文件。

掌握財報閱讀重點，有效判讀資訊

前面提到的重要財報資訊，都可以透過美國證券交易委員會的網站（www.sec.gov）查詢。進入網站後，從上方「FILINGS」下拉點選「Company Filings Search」（參圖10上圖的①），在「SEARCH」輸入想要查詢的股票代號（例如蘋果公司股票代號為AAPL，參圖10上圖的②），就會出現公司的相關選項。然後再選擇想要閱讀的財報文件，即可開始閱讀（參圖10下圖）。

除了從美國證券交易委員會網站查詢資料，還可以透過公司網站中的「Investor Relationships」專區取得相關資訊。進入這個專區後就能找到股價資訊、財務資訊、重大新聞稿與即將舉行的投資者活動。投資人在瀏覽公司網站時，可以了解公司的歷史沿革與產品，對於認識公司有相當大的幫助。

前面提過，認識一家公司最好的方式就是直接閱讀公司財報，但對英文能力可能不

圖 10　查詢公司股票步驟

圖片來源：美國證券交易委員會

那麼好的投資人來說，要看全英文財報通常會心生畏懼。其實如果已經大致了解公司的業務內容，只要觀察幾項重要的關鍵數據，就可以了解目前的營運狀況。接著就從美國證券交易委員會網站找到蘋果公司年報（10-K），提出幾個必讀項目來說明（參圖11）。

- **會計年度**（**Fiscal Year**）：進入年報第一頁，需要特別關注的是每家公司的會計年度有所不同。一般來說，台股的會計年度都是從每年一月一日開始、十二月三十一日結束，美股則是依據各個公司的慣例來決定財務資訊的時間段，例如蘋果公司的會計年度在每年九月二十六日進行結算。
- **項目1公司介紹**（**Item1 Business**）：在項目1的內容中，會詳述目前公司銷售的產品與服務、商業模式及營運概況（包括產業概況、競爭環境與供應鏈）等重要訊息。以蘋果公司為例，投資人從這裡可以了解公司背景及目前提供的最新產品與服務內容。
- **項目1A風險因素**（**Item 1A Risk Factor**）：內容包括公司在未來可能面臨的風險，包括總體經濟、政府政策與法規限制、突發事件的影響，以及供應鏈狀況與競爭對手。投資人在進行研究時，也應該把這些因素納入考量，做一個全盤的理解與評估。
- **項目6選定財務數據**（**Item 6 Selected Financial Data**）：此處提供最近五年的特定營運數據，讓投資人掌握到一個比較長期的營運趨勢。例如從圖12可以觀察到蘋果公司

公司名稱
財務報表
會計年度
目錄

圖 11　美國證券交易委員會網站上的蘋果公司年報（10-K）

Apple Inc.

Form 10-K

For the Fiscal Year Ended September 26, 2020

TABLE OF CONTENTS

Part I

Item 1.	Business
Item 1A.	Risk Factors
Item 1B.	Unresolved Staff Comments
Item 2.	Properties
Item 3.	Legal Proceedings
Item 4.	Mine Safety Disclosures
	Part II
Item 5.	Market for Registrant's Common Equity, Related Stockholder Matters and Issuer Purchases of Equity Securities
Item 6.	Selected Financial Data
Item 7.	Management's Discussion and Analysis of Financial Condition and Results of Operations
Item 7A.	Quantitative and Qualitative Disclosures About Market Risk
Item 8.	Financial Statements and Supplementary Data
Item 9.	Changes in and Disagreements with Accountants on Accounting and Financial Disclosure
Item 9A.	Controls and Procedures
Item 9B.	Other Information
	Part III
Item 10.	Directors, Executive Officers and Corporate Governance
Item 11.	Executive Compensation
Item 12.	Security Ownership of Certain Beneficial Owners and Management and Related Stockholder Matters
Item 13.	Certain Relationships and Related Transactions, and Director Independence
Item 14.	Principal Accountant Fees and Services
	Part IV
Item 15.	Exhibit and Financial Statement Schedules
Item 16.	Form 10-K Summary

圖片來源：美國證券交易委員會

be read in conjunction with Part II, Item 7, "Management's Discussion and Analysis of Financial Condition and Results of Operations" that may affect the comparability of the information presented below (in millions, except number of shares, which are reflected in

	2018		2017		2016		2015
$	265,595	$	229,234	$	215,639	$	233,715
$	59,531	$	48,351	$	45,687	$	53,394
$	12.01	$	9.27	$	8.35	$	9.28
$	11.91	$	9.21	$	8.31	$	9.22
$	2.72	$	2.40	$	2.18	$	1.98
	4,955,377		5,217,242		5,470,820		5,753,421
	5,000,109		5,251,692		5,500,281		5,793,069
$	237,100	$	268,895	$	237,585	$	205,666
$	365,725	$	375,319	$	321,686	$	290,345
$	93,735	$	97,207	$	75,427	$	53,329
$	48,914	$	44,212	$	39,986	$	38,104

are bundled in the sales price of iPhone, Mac, iPad and certain other products, in Services net sales. Historically, the Company Services net sales for 2018 and 2017 were reclassified to conform to the 2019 presentation.

Change		2018	Change		2017
(14)%	$	164,888	18 %	$	139,337
2 %		25,198	(1)%		25,569
16 %		18,380	(2)%		18,802
41 %		17,381	36 %		12,826
16 %		39,748	22 %		32,700
(2)%	$	265,595	16 %	$	229,234

of the respective product.

Apple-branded and third-party accessories.

Services net sales also include amortization of the deferred value of Maps, Siri and free iCloud services, which are bundled in the

圖 12　蘋果公司財務數據

Item 6.　Selected Financial Data

The information set forth below for the five years ended September 28, 2019, is not necessarily indicative of results of future operations, and should and the consolidated financial statements and accompanying notes thereto included in Part II, Item 8 of this Form 10-K to fully understand factors thousands, and per share amounts).

			2019
Total net sales	淨銷售額	$	260,174
Net income	淨利	$	55,256
Earnings per share:	每股盈餘（EPS）		
Basic	基本	$	11.97
Diluted	稀釋	$	11.89
Cash dividends declared per share	每股股息	$	3.00
Shares used in computing earnings per share:	用於計算每股盈餘的股票		
Basic	基本		4,617,834
Diluted	稀釋		4,648,913
Total cash, cash equivalents and marketable securities	現金、現金等價物和有價證券總額	$	205,898
Total assets	總資產	$	338,516
Non-current portion of term debt	定期債務的非流動部分	$	91,807
Other non-current liabilities	其他非流動負債	$	50,503

圖片來源：美國證券交易委員會

圖 13　蘋果公司 2019 年依產品區分的營收表現

Products and Services Performance

Beginning in the first quarter of 2019, the Company classified the amortization of the deferred value of Maps, Siri and free iCloud services, which classified the amortization of these amounts in Products net sales consistent with its management reporting framework. As a result, Products and

The following table shows net sales by category for 2019, 2018 and 2017 (dollars in millions):

		2019
Net sales by category:		
iPhone (1)	$	142,381
Mac (1)		25,740
iPad (1)		21,280
Wearables, Home and Accessories (1)(2)		24,482
Services (3)		46,291
Total net sales	$	260,174

(1) Products net sales include amortization of the deferred value of unspecified software upgrade rights, which are bundled in the sales price

(2) Wearables, Home and Accessories net sales include sales of AirPods, Apple TV, Apple Watch, Beats products, HomePod, iPod touch and

(3) Services net sales include sales from the Company's digital content stores and streaming services, AppleCare, licensing and other services. sales price of certain products.

圖片來源：美國證券交易委員會

的營收成長，發現最近五年中有兩年（二〇一六和一九年）是衰退的，淨利也呈現較不穩定的情況。不過由於現金相當充沛，所以最近五年每一年的股息發放金額都較前一年多，也持續回購自家公司股票。

獲利是驅動股價上漲的重要因素，與道瓊工業指數和標普五百指數相比，蘋果最近五年的股價走勢也是在二〇一六年開始有較明顯的上漲，二〇一九年雖然趨緩，但由於公司積極轉型，朝向軟體服務發展，將公司股價帶入另一波高峰。

- **項目7營運結果與管理層說明（Item 7 Management's Discussion and Analysis of Financial Condition and Results of Operation）**：在這個部分，公司會針對近兩年的個別財務細項進行討論，包括營收與獲利成長（或衰退）的主要原因，以及管理層未來將推行的改善方案，以因應目前的狀況。好公司的管理層可以提供有效且合理的願景，讓投資人更了解公司未來的營運展望，並且透過觀察過去執行的結果，來評估公司是否可以達到設定的目標。

投資人如果想要了解蘋果股價漲跌的原因，詳細閱讀「項目7」會有相當大的幫助。例如二〇一九年報在此項目下一開始的「二〇一九會計年度亮點」中提到：「相較於二〇一八會計年度，二〇一九會計年度的總營收衰退二%或五十四億美元，主要是iPhone銷售數字下滑。但因穿戴式裝置、家用配件與服務的成長，抵銷了手機的負面影

圖 14　蘋果公司 2019 年依市場區分的營收表現

	2019	Change	2018	Change	2017
Net sales by reportable segment:					
Americas	116,914	4 %	112,093	16%	96,600
Europe	60,288	(3)%	62,420	14%	54,938
Greater China	43,678	(16)%	51,942	16%	44,764
Japan	21,506	(1)%	21,733	23%	17,733
Rest of Asia Pacific	17,788	2 %	17,407	15%	15,199
Total net sales	260,174	(2)%	265,595	16%	229,234

圖片來源：美國證券交易委員會

響。另外，強勢美元也為二〇一九會計年度的營收帶來重大的不利影響。」

觀察年報中「依產品區分」的營收表現（參圖13），iPhone在二〇一九年的營收占總營收的五五%，但其實大幅衰退了十四%，是拖累整體營收表現的關鍵。表現最好的穿戴式裝置、家用配件（包括AirPods、Apple TV、Apple Watch、Beats products、HomePod、iPod touch等）則大幅成長了四一%，服務收入（包括數位內容商店與串流媒體服務、Apple Care與授權收入）成長了十六%，雖然占總營收比例仍較低，由於成長率高，預期未來對公司的營收貢獻會有顯著效益。

除了依產品種類區分的營業收入，蘋果公司也提供了「依市場區分」的營業收入（參圖14），藉以理解公司產品與服務在每個地區（包括美洲、歐洲、大中華區、日本、亞太其他地區）的營收狀況。

投資人透過年報中前七個項目提供的資訊，包括「商業模式與產業環境」、「產品與服務內容」和「營收來源與表現」，可以對公司有更全面的了解，在閱讀財務報表時就能更快拉出關鍵數據，判斷公司的營運狀況。接下來，我們要學習如何閱讀公司財報，一步步將三大報表中的重點提列出來！

第7章
損益表的重點觀察

投資美股的目的，是要找到一家長期成長的好公司，跟著公司的成長一起獲利！而損益表是了解一家公司的成長性與獲利能力最好的資訊來源，投資人可以因此知道這家公司的營收表現、成本控管能力與獲利能力。公司的營收表現是股價成長的引擎，獲利則是源源不絕的動能，支持股價走勢一路上漲。

在損益表中，「營收與營收年成長率」、「毛利率」、「營業利潤」和「淨利率」是我們必須關注的幾個重點。

營收與營收年成長率

觀察營收與營收年成長率，可以幫助投資人辨認這家公司目前所處的生命週期，是處於成熟、穩健成長還是高速成長。唯有理解自己持有公司的屬性，才能對公司的股價做出合理預期。

依照營收成長率的高低將公司進行分類，可以避免給予公司過高的期待，實際上卻沒有得到應有的報酬率。由過去的經驗來看，我會將營收年成長率低於一〇％的公司歸類為「成熟型公司」。這些公司的股價波動平緩，但是只要營運良好，擁有穩定的現金流，就可以持續支付穩定的股息給投資人。因此，投資這類公司以領股息為目標。

營收年成長率介於一〇至二五％的公司，我歸類為「穩健成長型公司」。這些大都是規模較龐大的公司，而且已經擁有穩定的營收來源，他們會持續推出新產品，積極搶占市場以擴大市占率，或是直接用併購策略來創造新的成長動能，帶動股價持續上漲。由於股價趨勢向上，投資人以合理價買進，兼具資本利得與股息收益。

而營收年成長率超過二五％、甚至創造出三〇至四〇％以上成長率的公司，我歸類為「高速成長型公司」。這些大都是中小型企業，所以股價的爆發力大，股價上漲的速度也很快。但投資人須注意，這些公司雖然擁有高成長性，卻缺乏穩定性，甚至尚未有實際獲利，一旦成長開始趨緩或未達到市場預期，股價也會快速反轉。由於這類公司股價波動劇烈，因此投資策略以資本利得為主，須嚴格控制風險。

蘋果公司的整體營收年成長六％（參表37），會被投資人放到成熟型公司這一類，因為認為股價沒有向上發展的可能性。但事實上，蘋果的股價在二〇二〇年創下歷史新高，總市值突破兩兆美元。

但如果有看過公司年報，便會了解公司目前正處於轉型階段，希望能提高手機以外的產品與服務銷售比重，打造新的商業模式，再造成長循環。

觀察二〇二〇年的年報數據（參表38），可以看到 iPhone 的營收在智慧型手機市場已經飽和的情況下，二〇一九、二〇二〇年都是呈現衰退趨勢，但 Mac 和 iPad 的營收都還有兩位數的成長，表現算不錯。

蘋果公司這兩年的股價飆漲，主要因市場對穿戴式裝置及服務收入的成長潛力看好而給出高估值。穿戴式裝置包括 AirPods、Apple TV、Apple Watch、Beats products、HomePod 等產品，而服務收入則包含 AppleCare、數位內容訂閱與其他服務。

二〇二〇年，蘋果推出的 Apple One，就是將 Apple Music、Apple TV+、Apple Arcade 與 iCloud 打包成一個訂閱套餐，以更低的價格獲得超值的服務，吸引消費者若要享受這些服務，就得使用蘋果手機與其他硬體設備。這個做法成功打造出所謂的蘋果生態圈，再造公司下一波成長軌道。

表 37　蘋果公司 2011 至 2020 年營收數據

	營收（百萬美元）	營收年成長率（%）
2011 年 9 月	108,249	65.96
2012 年 9 月	156,508	44.58
2013 年 9 月	170,910	9.2
2014 年 9 月	182,795	6.95
2015 年 9 月	233,715	27.86
2016 年 9 月	215,639	-7.73
2017 年 9 月	229,234	6.3
2018 年 9 月	265,595	15.86
2019 年 9 月	260,174	-2.04
2020 年 9 月	274,515	5.51

資料來源：Morningstar／作者整理製表

表 38　蘋果公司 2018 至 2020 年各項產品營收（單位：百萬美元）

淨銷售額（按類別）	2020 年	變動率	2019 年	變動率	2018 年
iPhone	137,781	-3%	142,381	-14%	164,888
Mac	28,622	11%	25,740	2%	25,198
iPad	23,724	11%	21,280	16%	18,380
穿戴式、家居和配件	30,620	25%	24,482	41%	17,381
服務	53,768	16%	46,291	16%	39,748
淨銷售總額	274,515	6%	260,174	-2%	265,595

資料來源：美國證券交易委員會

毛利率

毛利＝營業收入－營業成本

毛利率＝毛利／營業收入＝（營業收入－營業成本）／營業收入

一家公司的毛利等於營業收入減掉營業成本，透過從毛利的變化，投資人可以看出一家公司的競爭優勢及成本控管的能力。

毛利增加，代表公司具有競爭優勢，擁有更大的定價權，即便產品提高售價、東西賣得比別人貴，客戶還是願意買單。而擁有成本優勢的公司隨著產品銷量增加，公司營運會變得更高效，獲利能力提升。

毛利除以營收就得到「毛利率」，代表毛利占總營收的比率。我認為直接觀察毛利率的變化，可以更清楚呈現公司的營運表現。當毛利率持續上升，表示獲利能力愈來愈好，是相當正面的訊號之一；如果毛利率突然下降，有可能是因為競爭能力下滑而導致降價求售，或是成本突然失控，這都是重要警訊，必須試著找出原因。

以蘋果公司為例，表39是二〇二〇年報提供的數字。二〇一九會計年度後，蘋果將財務報表「產品」（硬體）與「服務」（軟體）的毛利分開，讓投資人可以更清楚了解不

表 39　蘋果 2020 年產品與服務的毛利率

	2020 年	2019 年	2018 年
毛利（百萬美元）			
產品（硬體）	69,461	68,887	77,683
服務（軟體）	35,495	29,505	24,156
總毛利	104,956	98,392	101,839
毛利率（%）			
產品（硬體）	31.50	32.2	34.40
服務（軟體）	66	63.7	60.80
總毛利率	38.20	37.8	38.30

資料來源：美國證券交易委員會

同產品類型的獲利表現。

蘋果公司二〇二〇年硬體的毛利為六九五億美元，占總毛利的六六%，軟體的毛利為三五五億美元，僅占總毛利的三四%，這是因為目前產品營收仍是主要的收入來源。不過再看看表39下面的毛利率，可以發現軟體其實是比較賺錢的業務，硬體的毛利率僅三一．五%，而且逐年遞減，軟體的毛利率卻整整高出硬體一倍，而且逐年遞增，抵銷了硬體的下滑，讓公司整體毛利率可以維持在一定的水準。

事實上，蘋果公司由於手機與其他產品在搭配自己的iOS系統下，原本硬體毛利就比許多競爭對手高，未來在軟體收入占比逐漸提高的趨勢下，公司的獲利能力有很大機率會愈來愈好。

由蘋果公司的財報可以了解到，不同產品、不同產業的毛利率差別是很大的，因此投資人在分析公司時，必須先了解公司的商業模式與產品屬性，不能拿不同產業的公司做比較。例如折扣商店沃爾瑪的商業模式主要是低毛利、高週轉率，而社交平台霸主臉書的商業模式則是靠平台的廣告收入，由於低成本、高費用，毛利率高達八〇％以上。如果直接比較兩家公司，會得出完全錯誤的結果。

營業利潤率

營業利潤＝毛利－營業費用

營業利潤率＝營業利潤／營業收入＝（毛利－營業費用）／營業收入

公司毛利扣除營業費用後獲得的利潤就是營業利潤，將營業利潤除以營業收入，就得到營業利潤率。營業費用包含一家公司的研究與開發、銷售與管理、折舊與利息等費用支出，這些費用通常用於開發新產品、擴展市場與留住人才，強化公司的競爭優勢。

營業利潤率愈高，代表公司除了具有良好的成本控管能力之外，更具有高度的品牌優勢與網絡效應，不需要過多的營銷費用，也可以讓顧客心甘情願地掏錢購買產品。

在損益表中，營業費用通常分為兩類：

一、**研究與開發費用**：指開發、設計與優化產品所需的費用支出。公司想要持續成長，就必須找到市場上還未被滿足的需求，開發出新產品來吸引顧客購買。所以，一家具有創新能力的公司一定會把部分營收用在研究與開發上。如果看到公司的研究與開發費用持續降低，就該警覺未來是否有成長趨緩的狀況。

二、**銷售與管理費用**：指公司用於銷售、行政與管理等與公司製造產品或提供服務的流程沒有直接相關的費用，例如行銷廣告與員工薪資。營收穩健成長、已經達到一定規模的公司，為了能站穩市場的領導地位，這項費用通常穩定維持在一個水平。但高速成長的新創公司除了研發以外，行銷費用的支出也很高，在早期不計一切地吸引客戶、搶占市場，因此營收成長和毛利的數字雖然都很漂亮，卻仍處於虧損狀態。

以蘋果公司為例，由於已經成長到一定規模，具有規模優勢，基本上研究與開發費用占總營收的比例維持在穩定狀態，從二〇一八年的五％，上升到二〇二〇年的七％，應是與公司近年的業務轉型有關，另外，品牌優勢也讓公司不需要花費大筆銷售和行政支出，因此銷售與管理費用穩定地占營收比例的七％左右（參表40）。

淨利率

淨利＝（營業利潤＋業外損益）×（1－稅率）

淨利率＝稅後淨利／營業收入

最後要觀察的是淨利率，由此可衡量一家公司整體的獲利能力。淨利率愈高，代表獲利能力愈強，股價也會愈強勢。

淨利是將營業利潤率加上業外獲利（或損失）、稅負或訴訟等項目計算得出。如果公司的業外收入（損失）金額突然有明顯異動或占比過大，表示公司的獲利主要受到業外而非本業影響，這是值得關注的警訊之一。

同樣抓出蘋果公司的淨利來看（參表41），在營業利潤扣除其他收入／支出、所得稅等費用之後，公司的淨利在二〇二〇年為五七四億美元，將淨利／營業營收得出淨利率為二〇・九％（57,411÷274,515×100％＝20.9％）。

在觀察公司的獲利能力時，應該把淨利率結合毛利率與營業利潤率的趨勢一起看，在正常情況下，三率應該呈現同向的發展趨勢。高毛利率代表優異的成本控制得宜，高營業利潤率代表優異的管理效率，而高淨利率代表公司的獲利能力。除此之外，三率之

表 40　蘋果 2018 至 2020 年營業費用（百萬美元）

	2020 年	變動率	2019 年	變動率	2018 年
研究與開發	18,752	16%	16,217	14%	14,236
占總淨銷售額的百分比	7%		6%		5%
銷售、一般和行政	19,916	9%	18,245	9%	16,705
占總淨銷售額的百分比	7%		7%		6%
總營業費用	38,668	12%	34,462	11%	30,941
占總淨銷售額的百分比	14%		13%		12%

資料來源：美國證券交易委員會

表 41　蘋果 2018 至 2020 年淨利數據（百萬美元）

	2020 年 9 月 26 日	2019 年 9 月 28 日	2018 年 9 月 29 日
營業收入	274,515	260,174	265,595
營業利潤	66,288	63,930	70,898
其他收入／（支出）淨額	803	1,807	2,005
計提所得稅前的收入	67,091	65,737	72,903
所得稅準備金	9,680	10,481	13,372
淨收入	57,411	55,256	59,531

資料來源：美國證券交易委員會

間的變化比例也應互相匹配，倘若某一個數字的變動突然很大，有可能是公司的內部問題，也可能是業外損益導致，對公司造成短期或長期的影響。當三率之間有明顯差異，則應該在每個階段找出變化的原因，提早發現潛在的問題。

第8章
資產負債表的重點觀察

投資家彼得．林區（Peter Lynch）說過：「沒有負債的公司不會破產。」獲利能力是公司的成長引擎，資產負債表則是公司的靠山，幫助公司在逆境中求生存，有足夠的資源可以維持正常營運。

對於股價的上漲，資產負債表的影響力雖然不大，卻不能忽視它的重要性。我在觀察資產負債表時，重點是公司當前的流動性、償債能力與資本配置狀況，確認公司在突發狀況下有應變危機的能力。

二〇二〇年新冠肺炎疫情爆發，使得許多原本正常營運的公司破產倒閉，原因就是公司在疫情期間的收入銳減，儲備資產太少，負債金額太高，導致無法繼續營運。該如何在危機來臨前先辨識出有可能發生問題的公司，資產負債表可以提供投資人線索。

在資產負債表中，「流動資產變動」、「應收帳款變動」、「負債比率變動」是我們必須關注的三個部分。

流動資產變動

流動資產包括了現金、有價證券、存貨、應收帳款等在一年內可以變現的資產，當流動資產愈高，表示公司具有更好的應變能力來因應環境變化。

不同屬性的公司，流動資產的比例也會有所差異。零售餐飲業通常是以現金交易，所以帳上的現金充足。而現在有許多網路公司都是輕資產公司，除了固定資產的比例低，帳上現金也很雄厚，只要沒有過高的負債，即便目前沒有實際獲利，都還不至於會造成經營危機。

以蘋果公司為例，其流動資產占總資產的比例為四四％，其中帳上擁有的現金與約當現金❹高達三八〇億美元，占比為十一％，還有能快速變現的有價證券五二九億美元，占比十六％（參表42），可以發現公司持有現金的比例很高。擁有高額的現金資產不僅能讓公司的營運更穩定，也能將資金進行更有效率的配置、收購企業或配發給股東，促進公司成長與提高股東權益。

❹約當現金，指短期內具有高度流動性的短期投資，由於容易變現加上交易成本低廉，所以可被視為現金。

表 42　蘋果公司的流動資產數據

	2020 年 9 月 26	2019 年 9 月 26
當前資產（百萬美元）		
現金及現金等價物	38,016	48,844
有價證券	52,927	51,713
應收帳款淨額	16,120	22,926
存貨	4,061	4,106
賣方非貿易應收款	21,325	22,878
其他流動資產	11,264	12,352
流動資產總額	143,713	162,819
非流動資產（百萬美元）		
有價證券	100,887	105,341
物業，廠房及設備淨額	36,766	37,378
其他非流動資產	42,522	32,978
非流動資產總計	180,175	175,697
總資產	323,888	338,516

資料來源：美國證券交易委員會

應收帳款變動

在流動資產中，投資人要觀察的部分是應收帳款的變動，因為應收帳款的增減往往代表公司競爭優勢的改變。應收帳款增加，有可能代表公司收不回貨款，或是延長了客戶的付款期限所導致。但如果公司極具競爭優勢，通常都是客戶捧著現金來爭取訂單，不需要靠延長公司的收款期限來吸引客戶。也因此當應收帳款突然大幅增加時，應試著找出原因，避免未來公司因為收不回應收帳款而變成呆帳，影響獲利能力。

從表42可以看到，蘋果公司的應收帳款還從二〇一九年的二二九億美元，下降到二〇二〇年的一六一億美元，顯示收款能力變好，代表公司競爭優勢變得更穩固。

負債比率變動

負債比率（總負債/總資產 ×100%）的變動是觀察一家公司營運狀況的重要指標，從這項指標可以出有多少公司資產是來自於向外借款。當負債比率過高，公司需要負擔的舉債成本也會增加，一旦短期營運出現狀況，每個月又有固定支出的利息費用，對於公司的營運會產生相當重大的危機。

在低利率時代，由於舉債成本低，許多公司反而偏好借錢來投資，當投資報酬高於借款成本，會讓公司的成長速度加快，股價水漲船高。不過如果是營收與獲利都還不穩定的公司，除了自有資產之外還不斷地向外籌資、毫無限制地揮霍，當負債比率一直攀升時就要特別注意了。

在蘋果公司的財報中，目前的負債總額為二五八五億美元，扣除應付帳款、遞延收入等不需要支息的負債總額，除以資產總額三二三九億美元，可以得出二〇二〇年的負債比率約為〇．三五（流動負債之商業票據 4,996 ＋定期債務 8,773 ＋非流動負債之定期債務 98,667 ÷ 總資產 323,888 × 100% ＝ 35%），低於五〇％，屬於相當穩健的水準（參表43）。

「流動資產」、「應收帳款」與「負債比率」三個觀察項目都代表了公司的營運表現，流動資產大幅降低、應收帳款增加與負債比率提高，對公司來說都是警訊。除此之外，我們還可以透過財務指標的趨勢變化，判斷公司的資金流動性、營運效率與資本配置狀況，藉以發現異常之處。

表 43　蘋果公司的負債數據

	2020 年 9 月 26 日	2019 年 9 月 26 日
流動負債（百萬美元）		
應付帳款	42,296	46,236
其他流動負債	42,684	37,720
遞延收入	6,643	5,522
商業票據	4,996	5,980
定期債務	8,773	10,260
流動負債合計	105,392	105,718
非流動負債（百萬美元）		
定期債務	98,667	91,807
其他非流動負債	54,490	50,503
非流動負債合計	153,157	142,310
負債總額	258,549	248,028
股東權益（百萬美元）		
普通股資本公積	50,779	45,174
保留盈餘	14,966	45,898
累計其他綜合收益／損失	-406	-584
股東權益合計	65,339	90,488
負債總額和股東權益	323,888	338,516

資料來源：美國證券交易委員會

第9章
現金流量表的重點觀察

最後但同樣也很重要的財務報表，就是現金流量表。現金流量表之所以重要，在於當公司的營收快速成長時，它可以幫助我們重複確認公司損益表結算出來的獲利流向，究竟是流入了資產負債表中的現金資產，還是流到了其他地方。

在現金流量表中，「營運現金流」、「投資現金流」、「融資現金流」和「自由現金流」是四個必須關注的重點。

營運現金流

所謂營運現金流，是指公司在一定期間內本業所賺到的營收，扣除非現金項目所剩餘的金額。算法是這樣：將損益表結算出的淨利，加回未實際流出現金的項目（例如折舊與應付費用），再扣除未實際流入現金的項目（例如應收帳款與存貨），得出的數值就是營運現金流的部分。

營運所產生的現金流愈高，代表公司將獲利轉化為現金的能力愈好。拿營運現金流的數值與營收、獲利等數值進行比較，如果之間呈現正向且匹配的關係，代表公司的營運狀況良好，競爭優勢也愈強。反之，如果今天公司擁有很高的營收，卻沒有相應的營運現金流入，就應該去檢視公司是否有美化財報的嫌疑，或是為了業績而讓客戶賒欠，最後衍生出呆帳的問題就不好了！

投資現金流

所謂投資現金流，是指公司在一定期間內支付與投資有關的活動所花費的現金，活動包括購買不動產、廠房與設備、投資或出售有價證券等。為了賺取未來的現金流，所有的公司都應該持續進行有生產力的投資，所以投資現金流通常是負值。

投資對於公司來說是現金的流出，卻是不可省去的必要支出。試想一家不從事投資、不進行擴張的公司，又要如何創造成長呢？也因此只要公司的投資現金流穩定，現在的支出是為了未來的收穫，可以為公司創造出更多的價值才是最重要的。

表 44　蘋果公司的現金流量表

	2020	2019	2018
營業現金流（百萬美元）	80,674	69,391	77,434
投資現金流（百萬美元）	-4,289	45,896	16,066
融資現金流（百萬美元）	-86,820	-90,976	-87,876

資料來源：蘋果公司年報

融資現金流

所謂融資現金流，是指公司為了營運，將對外進行籌資活動所獲得的現金，包括發行債券、貸款，扣除股票回購、支付股利所支出的現金計算而成。融資對公司來說就是現金的挹注了，在低利率時代藉由融資來做更積極的商業布局，對資本運用得宜的公司來說是相當大的優勢。

以蘋果公司為例，從公司年報（參表44）可以觀察到，二〇一九年的營業現金流入下滑，主要是因為營收衰退所造成，但是在二〇二〇年的營業現金流入又增加到八〇六．七四億美元，較前一年成長了十六%。投資現金流的變化則是公司的收購支出、但是蘋果的理財能力也相當優異，投資有價證券的獲利讓公司的投資現金流總金額是正值。最後一欄則是融資現金流出增加，由於蘋果公司的現金資產相當充沛，所以支付鉅額股息與回購數量相當多的自家股票，融資現金流的總金額為負值，將現金以不同的形式回饋給股東，對股東來說是相當開心

表 45　蘋果公司 2020 年營業現金流

	2018 年 9 月	2019 年 9 月	2020 年 9 月
營業現金流（百萬美元）	77,434	69,391	80,674
資本支出（百萬美元）	-13,313	-10,495	-7,309
自由現金流（百萬美元）	64,121	58,896	73,365

資料來源：Morningstar／作者整理

的事情。

自由現金流

自由現金流是一個非常重要的項目，表示公司可以自由地支配現金。一間好公司的資本配置能力對未來的成長有著巨大的影響力，讓它們可以再發揮更大的價值。公司也可以用這些現金來回購股票、支付股息，等於把現金回饋到股東身上，提高股東權益來驅動股價成長，好處多多。

在表45中，可以看到蘋果公司在二〇二〇年的營業現金流為八〇六．七四億美元，扣除資本支出七三．〇九億美元後，仍有超過七三三．六五億美元的自由現金流可以運用。充沛的自由現金流讓蘋果公司在回購了超過十股的自家股票，並且將每股的股息從〇．七五美元調升至〇．八美元，成長了六．七％。

第10章
從好用網站快速篩選好公司

第三部中介紹了相當多財務指標的意義與應用，幫助大家可以更快速掌握財報中的重點，以評估一家公司的營運狀況，並決定是否該買入這家公司的股票。

如果是初次接觸某家公司，最好的方式就是讀一次公司的年報，了解業務內容與營運狀況、管理層的討論與想法，如此可以讓你理解公司的核心產品與理念，之後就是定期追蹤公司的季報與重大消息即可。

如果想要更快速獲取公司的訊息，也可以使用許多免費資源的網站，直接就能找到公司長期以來的營運表現，省下許多整理的時間。

指標篩選的好用網站：Finviz

Finviz 是利用指標篩選公司最好用的網站之一，而且絕大部分的功能都是免費的。不管投資人想用產業分類、財報數據、估值指標或技術分析指標來挑出理想條件的公司，都可以利用網站的功能快速找到相對應的個股。

首先，點進 Finviz 首頁，在左上角的搜尋框中打入想查詢的公司名稱或股票，便可以進入個股介紹的頁面。

進入個股資料頁面，可以觀察到公司的股價型態、資本資料與指標列表、股價表現與分析師評級和目標價等資訊，綜合不同面向的數據進行分析。接下來，介紹兩個十分好用的功能。

Screener（掃描）

「Screener」位於網頁的上方選單，投資人可以利用這個功能，針對個股的分類、基本面、技術面或兩者結合來進行篩選。對於偏好以技術分析作為進出場參考的投資人，網站中也提供了較詳細的篩選指標，包括均線、型態辨識與動量指標等，是 Finviz 比較特別的功能。圖15為進入 Screener 的畫面。

Maps（熱力圖）

觀察整體盤面的變化、強弱類股的輪動，對投資人來說相當重要。Finviz 提供了

「Maps」的功能，只要選取過去一段時間（單日、單週、年度等）與不同市場（標普五百、整體市場、世界與ETF等）的表現，就能透過用圖表清楚呈現，也能快速找到強勢的族群與公司（參圖16）。

與台股不同的是，圖中以紅色呈現下跌，上漲則以綠色呈現，主要提供上一個交易日個股的漲跌幅度。以圖中「AMZN -1.03%」為例，是指亞馬遜在最近一個交易時間的股價下跌一・〇三%。

資訊豐富的強大網站：Morningstar（晨星）

Morningstar（晨星）是知名的研究與評級機構，雖然有付費功能，但網站上提供了豐富的免費資源，對一般投資人查詢來說已經非常足夠。

首先，進入網站後在左上角的搜尋框中打入想查詢的公司名稱或股票，便可進入個股介紹的頁面。接下來，介紹幾個我覺得這個網站中十分好用的功能。

Quote（報價）

以蘋果公司為例，進入公司查詢網頁後的第一個選單就是「Quote」，在股價線圖右

圖 15　Finviz 的 Screener 頁面

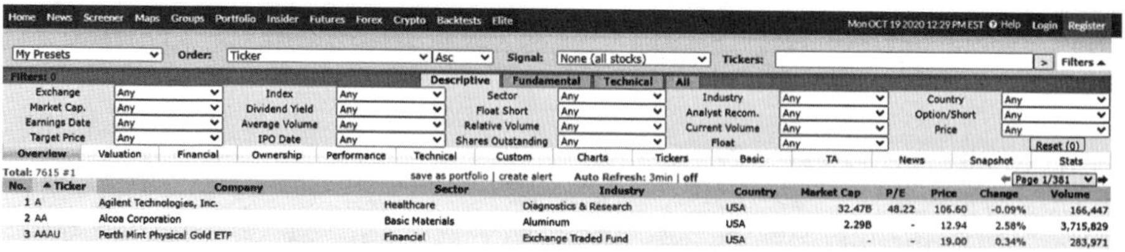

圖片來源：Finviz

圖 16　Finviz 的 Maps 頁面

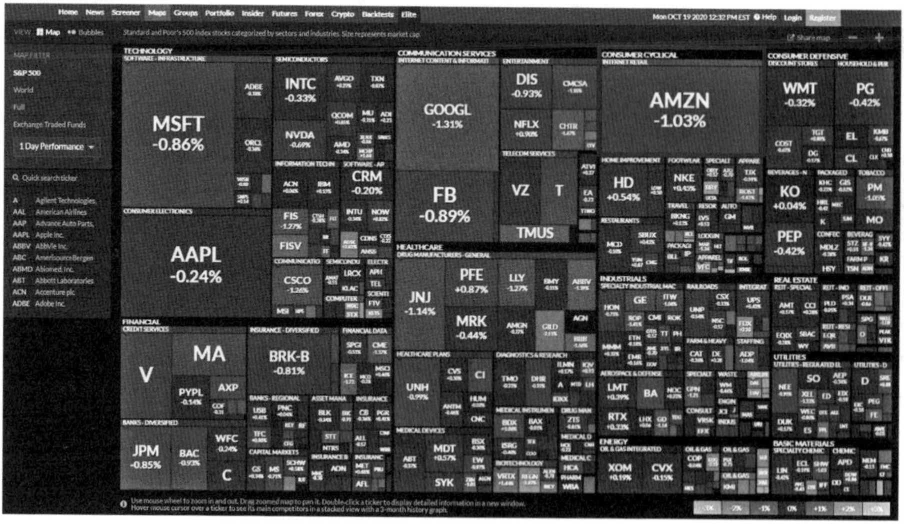

圖片來源：Finviz

側可以看到關於公司的基本資訊，包括股價、交易價格區間、成交量、殖利率、市值、估值指標等（參圖17）。此外，Morningstar 網站根據內部的評價系統，將上市公司分成九類，稱為「晨星風格箱」（Morningstar Style Box），根據市值與成長／價值因子進行分類，可作為投資人在選擇投資標的時的參考指標。

同一頁面向下轉動，就可以看到公司檔案。左側描述公司的歷史沿革、產品與服務及營收來源，右側為公司產業分類、最近一次營收公布日、會計年度日期與員工人數（參圖18）。

Key Ratios（關鍵比率）

我自己最常使用的功能是「Key Ratios」（參圖19的①），這個功能提供了營收成長率、淨利成長率、營業利潤率、資產報酬率、股東權益報酬率等數據參考。之後再點選下方的「Full Key Ratios Data」（參圖19的②），就會進入新的資訊頁面。

在 Full Key Ratios Data 頁面中，Morningstar 免費提供了最近十年的重要數據，而且都可以直接轉成 Excel 檔案，讓投資人做整理與保存，相當實用。

追溯過去十年的財務數據，可以看出一家公司的營運穩定程度與成長趨勢。在所有數據中，我最關注的項目為「獲利情況」、「現金流表現」、「財務體質」，從這三個面向

圖 17　Morningstar 的 Quote 功能

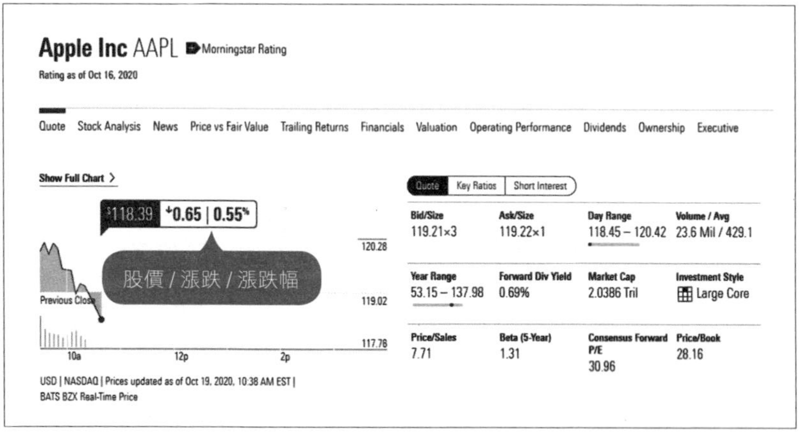
Apple Inc AAPL
Morningstar Rating
Rating as of Oct 16, 2020
Quote Stock Analysis News Price vs Fair Value Trailing Returns Financials Valuation Operating Performance Dividends Ownership Executive
Show Full Chart >
$118.39 ↓0.65 | 0.55%
股價 / 漲跌 / 漲跌幅
Previous Close
120.28
119.02
117.76
10a
12p
2p
USD | NASDAQ | Prices updated as of Oct 19, 2020, 10:38 AM EST |
BATS BZX Real-Time Price
Quote Key Ratios Short Interest
Bid/Size 119.21×3
Ask/Size 119.22×1
Day Range 118.45 – 120.42
Volume / Avg 23.6 Mil / 429.1
Year Range 53.15 – 137.98
Forward Div Yield 0.69%
Market Cap 2.0386 Tril
Investment Style Large Core
Price/Sales 7.71
Beta (5-Year) 1.31
Consensus Forward P/E 30.96
Price/Book 28.16

圖片來源：Morningstar

圖 18　Morningstar 的上市公司檔案頁面

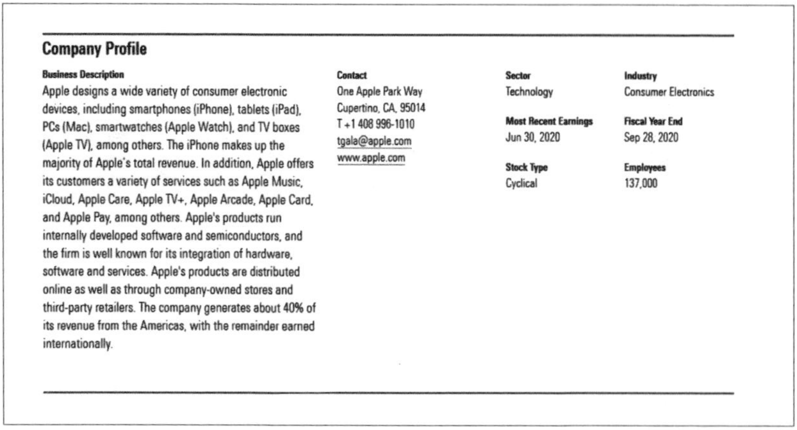
Company Profile
Business Description
Apple designs a wide variety of consumer electronic devices, including smartphones (iPhone), tablets (iPad), PCs (Mac), smartwatches (Apple Watch), and TV boxes (Apple TV), among others. The iPhone makes up the majority of Apple's total revenue. In addition, Apple offers its customers a variety of services such as Apple Music, iCloud, Apple Care, Apple TV+, Apple Arcade, Apple Card, and Apple Pay, among others. Apple's products run internally developed software and semiconductors, and the firm is well known for its integration of hardware, software and services. Apple's products are distributed online as well as through company-owned stores and third-party retailers. The company generates about 40% of its revenue from the Americas, with the remainder earned internationally.
Contact
One Apple Park Way
Cupertino, CA, 95014
T +1 408 996-1010
tgala@apple.com
www.apple.com
Sector
Technology
Industry
Consumer Electronics
Most Recent Earnings
Jun 30, 2020
Fiscal Year End
Sep 28, 2020
Stock Type
Cyclical
Employees
137,000

圖片來源：Morningstar

圖 19　Morningstar 的 Key Ratios 頁面

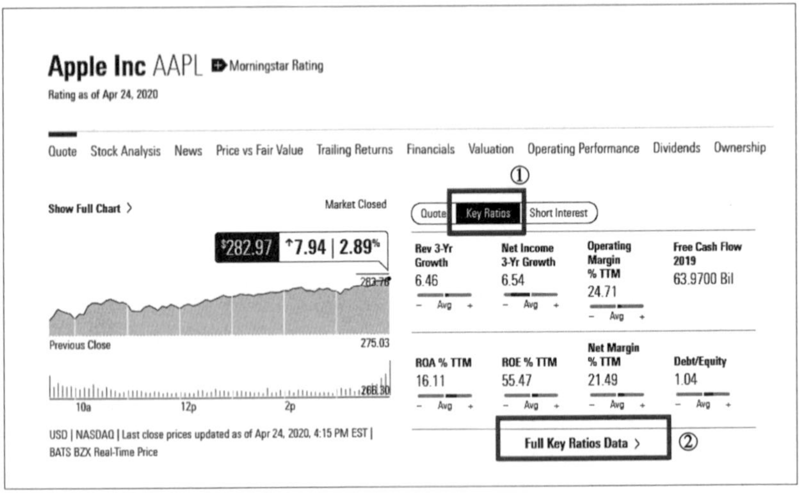

圖片來源：Morningstar

去評估公司是否值得投資。

• **獲利情況：**這部分主要觀察「營收」、「獲利比率」與「每股盈餘」是否能維持一個成長趨勢。獲利是一家公司股價上漲最重要的動力，一旦開始衰退，股價也會應聲下滑。進入Full Key Ratios Data頁面後，點選圖中下方的「Growth」（成長）欄位，就可以觀察到每個指標的年成長率，以及三年、五年與十年的平均複合成長率，了解公司目前處在的營運週期位置（參圖20區塊①）。

• **現金流表現：**把公司的營運現金流扣除資本支出，可以得到自由現金流。此處的資本支出是指公司為了

圖 20　Morningstar 網站檢視公司財務數據頁面

Apple Inc AAPL | ★

Financials

Export　Ascending

	2010-09	2011-09	2012-09	2013-09	2014-09	2015-09	2016-09	2017-09	2018-09	2019-09	TTM
① Revenue USD Mil	65,225	108,249	156,508	170,910	182,795	233,715	215,639	229,234	265,595	260,174	273,857
Gross Margin %	39.4	40.5	43.9	37.6	38.6	40.1	39.1	38.5	38.3	37.8	38.2
Operating Income USD Mil	18,385	33,790	55,241	48,999	52,503	71,230	60,024	61,344	70,898	63,930	67,138
Operating Margin %	28.2	31.2	35.3	28.7	28.7	30.5	27.8	26.8	26.7	24.6	24.5
Net Income USD Mil	14,013	25,922	41,733	37,037	39,510	53,394	45,687	48,351	59,531	55,256	58,424
Earnings Per Share USD	0.54	0.99	1.58	1.42	1.61	2.31	2.08	2.30	2.98	2.97	3.30
Dividends USD	—	—	0.09	0.41	0.45	0.49	0.55	0.60	0.68	0.75	0.78
Payout Ratio % *	—	—	—	27.4	28.5	22.3	24.8	26.5	23.7	25.1	23.7
Shares Mil	25,892	26,226	26,470	26,087	24,491	23,172	22,001	21,007	20,000	18,596	17,734
Book Value Per Share * USD	—	2.94	4.25	4.90	5.15	5.63	5.93	6.46	6.04	5.43	4.23
② Operating Cash Flow USD Mil	18,595	37,529	50,856	53,666	59,713	81,266	65,824	63,598	77,434	69,391	80,008
Cap Spending USD Mil	-2,121	-7,452	-9,402	-9,076	-9,813	-11,488	-13,548	-12,795	-13,313	-10,495	-8,302
Free Cash Flow USD Mil	16,474	30,077	41,454	44,590	49,900	69,778	52,276	50,803	64,121	58,896	71,706
Free Cash Flow Per Share * USD	—	1.15	1.58	1.61	1.93	2.96	2.24	2.41	2.88	3.07	—
Working Capital USD Mil	20,956	17,018	19,111	29,628	5,083	8,768	27,863	27,831	14,473	57,101	—

* Indicates calendar year-end data information

Key Ratios

Profitability | Growth | Cash Flow | **Financial Health** | Efficiency Ratios

Balance Sheet Items (in %)	2010-09	2011-09	2012-09	2013-09	2014-09	2015-09	2016-09	2017-09	2018-09	2019-09	Latest Qtr
Cash & Short-Term Investments	34.08	22.30	16.54	19.59	10.82	14.32	20.88	19.76	18.13	29.71	29.31
Accounts Receivable	13.20	10.07	10.62	9.97	11.74	10.45	9.11	9.50	13.40	13.53	10.11
Inventory	1.40	0.67	0.45	0.85	0.91	0.81	0.66	1.29	1.08	1.21	1.25
Other Current Assets	6.76	5.62	5.14	4.99	6.09	5.19	2.57	3.71	3.30	3.65	3.46
Total Current Assets	**55.44**	**38.66**	**32.75**	**35.40**	**29.56**	**30.77**	**33.22**	**34.28**	**35.91**	**48.10**	**44.14**
Short-Term Debt	—	—	—	—	2.72	3.79	3.61	4.92	5.67	4.80	5.88
Taxes Payable	0.28	0.98	0.87	0.58	0.52	—	—	—	—	—	—
Accrued Liabilities	1.54	1.58	1.45	2.06	2.80	8.67	6.85	6.86	—	—	—
Other Short-Term Liabilities	9.76	8.90	7.54	7.65	8.31	3.08	2.51	2.01	11.00	12.77	13.02
Total Current Liabilities	**27.56**	**24.04**	**21.89**	**21.09**	**27.37**	**27.75**	**24.56**	**26.86**	**31.95**	**31.23**	**30.04**
Long-Term Debt	—	—	—	8.19	12.50	18.41	23.45	25.90	25.63	27.12	29.64
Other Long-Term Liabilities	8.87	10.13	10.97	11.03	12.02	12.76	12.12	11.52	13.12	14.92	17.55
Total Liabilities	**36.43**	**34.16**	**32.86**	**40.31**	**51.89**	**58.91**	**60.13**	**64.28**	**70.70**	**73.27**	**77.22**
Total Stockholders' Equity	**63.57**	**65.84**	**67.14**	**59.69**	**48.11**	**41.09**	**39.87**	**35.72**	**29.30**	**26.73**	**22.78**
Total Liabilities & Equity	**100.00**	**100.00**	**100.00**	**100.00**	**100.00**	**100.00**	**100.00**	**100.00**	**100.00**	**100.00**	**100.00**

③ **Liquidity/Financial Health**	2010-09	2011-09	2012-09	2013-09	2014-09	2015-09	2016-09	2017-09	2018-09	2019-09	Latest Qtr
Current Ratio	2.01	1.61	1.50	1.68	1.08	1.11	1.35	1.28	1.12	1.54	1.47
Quick Ratio	1.72	1.35	1.24	1.40	0.82	0.89	1.22	1.09	0.99	1.38	1.31
Financial Leverage	1.57	1.52	1.49	1.68	2.08	2.43	2.51	2.80	3.41	3.74	4.39
Debt/Equity	—	—	—	0.14	0.26	0.45	0.59	0.73	0.87	1.01	1.30

圖片來源：Morningstar

追求成長而進行具有生產力的投資，包含投資固定資產，以及購買土地、廠房和設備的金額。自由現金流愈高，代表公司不需要一直砸錢投資，把錢留在自己口袋裡，也可以發給股東（參圖20區塊②）。

- **財務體質**：圖20區塊③的財務指標是用來檢視公司是否會面臨流動性風險，流動比率或速動比率的數值過低或財務槓桿過高，都會讓公司承擔更高的營運風險。評估這些指標時，除了將目前的數值與過去的紀錄做比較，也應該與同產業中的公司做比較，找出一個可接受的變動區間。

Financials（財務數據）

以蘋果公司為例，在進入公司頁面後，點選最上方的「Financials」，可以查到公司當前的估值（Valuation）、成長（Growth）、財務健全（Financial Health）與獲利能力（Profitability）指標，此處也免費提供投資人關公司最近五年的財報數據（參圖21）。

Valuation（估值指標）

在Valuation頁面中，Morningstar將投資常用的估值指標列出，包括本益比（Price/Earnings）、股價／現金流比率（Price/Cash Flow）、股價淨值比（Price/Book）、本益成長

圖 21　Morningstar 的 Financial 頁面

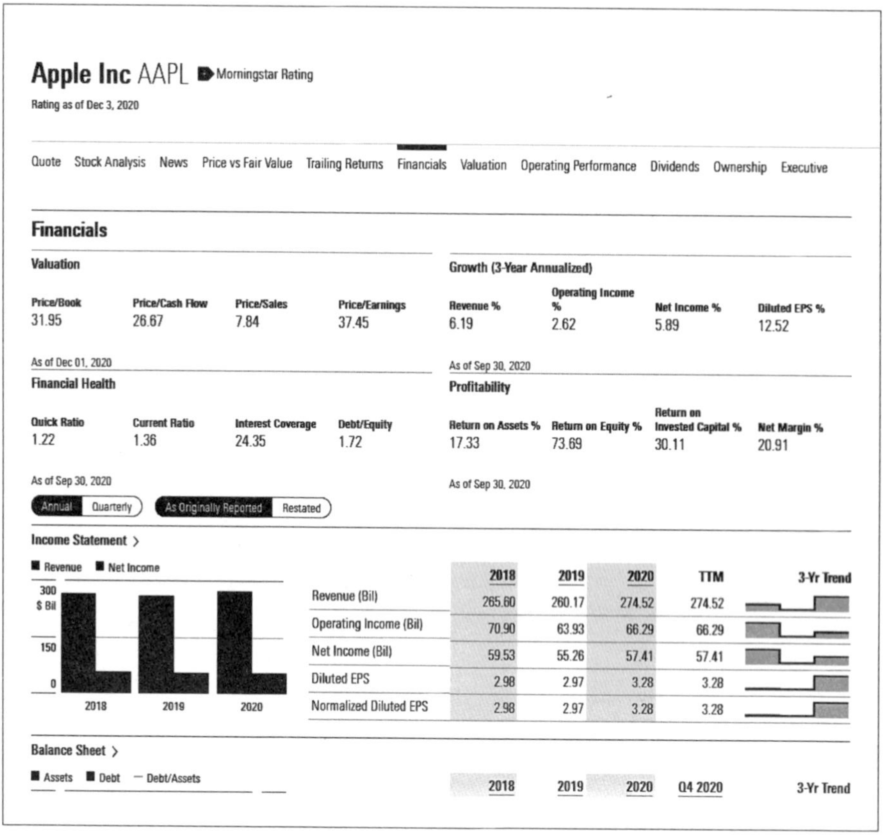

Apple Inc AAPL Morningstar Rating

Rating as of Dec 3, 2020

Quote　Stock Analysis　News　Price vs Fair Value　Trailing Returns　Financials　Valuation　Operating Performance　Dividends　Ownership　Executive

Financials

Valuation

Price/Book	Price/Cash Flow	Price/Sales	Price/Earnings
31.95	26.67	7.84	37.45

As of Dec 01, 2020

Growth (3-Year Annualized)

Revenue %	Operating Income %	Net Income %	Diluted EPS %
6.19	2.62	5.89	12.52

As of Sep 30, 2020

Financial Health

Quick Ratio	Current Ratio	Interest Coverage	Debt/Equity
1.22	1.36	24.35	1.72

As of Sep 30, 2020

Profitability

Return on Assets %	Return on Equity %	Return on Invested Capital %	Net Margin %
17.33	73.69	30.11	20.91

As of Sep 30, 2020

Annual　Quarterly　As Originally Reported　Restated

Income Statement ›

	2018	2019	2020	TTM	3-Yr Trend
Revenue (Bil)	265.60	260.17	274.52	274.52	
Operating Income (Bil)	70.90	63.93	66.29	66.29	
Net Income (Bil)	59.53	55.26	57.41	57.41	
Diluted EPS	2.98	2.97	3.28	3.28	
Normalized Diluted EPS	2.98	2.97	3.28	3.28	

Balance Sheet ›

Assets　Debt　— Debt/Assets

2018	2019	2020	Q4 2020	3-Yr Trend

圖片來源：Morningstar

圖 22　Morningstar 的 Valuation

Apple Inc AAPL　Morningstar Rating

Rating as of Dec 3, 2020

Quote　Stock Analysis　News　Price vs Fair Value　Trailing Returns　Financials　Valuation　Operating Performance　Dividends　Ownership　Executive

Valuation

Calendar	2013	2014	2015	2016	2017	2018	2019	Current	5-Yr	Index
Price/Sales	3.06	3.70	2.61	2.95	3.88	2.97	5.25	7.85	3.98	2.67
■ Price/Earnings	4.11	17.11	11.42	13.94	18.37	13.24	24.70	37.48	18.48	27.29
■ Price/Cash Flow	3.74	11.32	7.50	9.68	13.97	10.19	19.67	26.71	13.93	15.81
– Price/Book	4.05	5.77	4.89	4.75	6.42	6.96	14.23	31.99	9.51	3.73
Price/Forward Earnings	2.50	14.08	10.56	12.90	14.90	12.08	22.17	30.96	16.93	—
PEG Ratio	1.48	1.23	1.06	2.06	1.40	1.25	2.03	3.08	1.80	—
Earnings Yield %	7.09	5.84	8.76	7.17	5.44	7.55	4.05	2.67	5.96	—
Enterprise Value (Bil)	7.15	653.34	606.47	628.84	902.38	794.26	1,295.13	2,111.69	978.82	—
Enterprise Value/EBIT	3.49	12.13	8.28	10.01	13.59	10.43	18.69	30.18	14.13	—
Enterprise Value/EBITDA	3.36	10.57	7.18	8.58	11.79	9.12	15.82	26.06	12.17	—

圖片來源：Morningstar

比（PEG Ratio）等（參圖22）。藉由觀察長期的估值數據，可以了解過去的股價波動範圍，對獲利穩定的公司來說，可以更好地掌握進出時機。

視覺化的分析網站：Gurufocus

Gurufocus網站有免費與付費兩種版本，若是使用免費版本，財報只能看到四年的數據，重要指標的長期數據大都無法查詢，是網站的缺點之一。不過優點是，進入個股介紹頁面後，網站會將當前公司各項指標數據以視覺化的方式，與過去的歷史平均值及同產業平均值進行比較，並提供個股評分參考。下面是網站中幾個好用功能的介紹。

Financial Strength（財務強度）

從首頁左上角打入想要查詢的公司或股票，進入個股頁面後，就可以看到左側的「Financial Strength」（參圖23的①），提供了公司的負債比率，包括現金／債務比（Cash-to-Debt）、負債／權益比（Debt-to-Equity）、負債／EBITDA比（Debt-to-EBITDA）❺與

---

❺ EBITDA＝稅後淨利（E）＋利息費用（I）＋當期所得稅費用（所得稅費用）＋折舊費用＋攤銷費用。

圖 23　Gurufocus 網站的公司查詢頁面

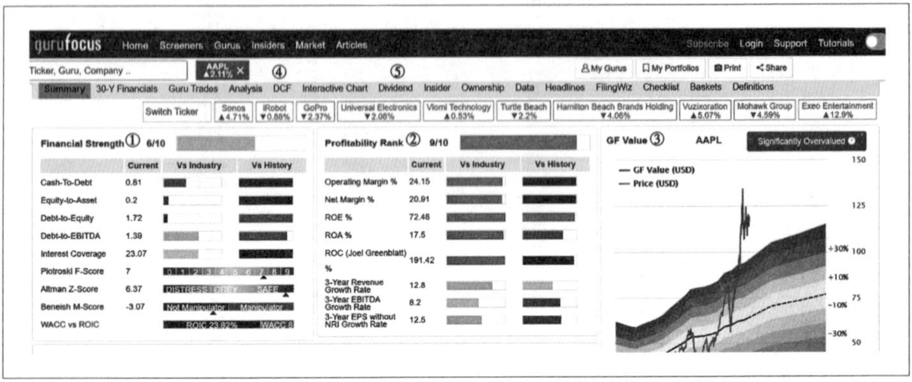

圖片來源：Gurufocus

利息保障倍數（Interest Coverage）。體質強健的公司擁有較低的負債比、較高的利息保障倍數，更有能力度過營收趨緩或衰退時期。

Profitability Rank（獲利能力排名）

頁面中間的「Profitability Rank」（參圖23的②）提供了幾種數據，包括公司的營業利潤率（Operating Margin %）、淨利率（Net Margin %）、股東權益報酬率（ROE %）、資產報酬率（ROA %）、資本報酬率（ROC %）以及營收成長率（Revenue Growth Rate）。獲利能力愈好的公司，激勵股價的上漲的能量就愈大，也就愈有可能成為下一支飆股。

GF Value（GF值）

頁面右側的「GF Value」（參圖23的③）

是依據 Gurufocus 網站內部擬定的評估指標，計算出公司目前的真實價值，以河流圖的形式呈現目前股價處於高估、合理或低估的價格，幫助投資人更有效率地辨識股價位階。

Peter Lynch Chart（彼得．林區圖表）

Gurufocus 創辦人田測產博士遵循價值原則成立了這個網站，介紹與討論許多價值投資者，包括巴菲特、葛拉漢、喬伊．葛林布雷（Joel Greenblatt）與彼得．林區等大師的投資原則，設定各種篩選條件來幫助投資人更有效率地進行研究，篩選出符合自己投資條件的公司。

在個股介紹頁面往下滑動，可以看到每檔個股的 Peter Lynch Chart。在《彼得林區選股戰略》（*One Up on Wall Street*）一書中提到，使用盈餘趨勢線作為股價是否被高估／低估的參考，當股價高於盈餘趨勢線時，代表股價被高估；當股價低於盈餘趨勢線時，代表股價被低估。

在使用盈餘趨勢線時，原本設定的條件以「本益比等於十五」作為標準，不過這樣的標準套用在當前的市場中很難找到被低估的公司。後來經過修正，改以過去的本益比中位數作為盈餘趨勢線的參考，以公司過去的股價波動來衡量合理的價格區間似乎更為適當。

圖 24　Gurufocus 網站的 Peter Lynch Chart 頁面

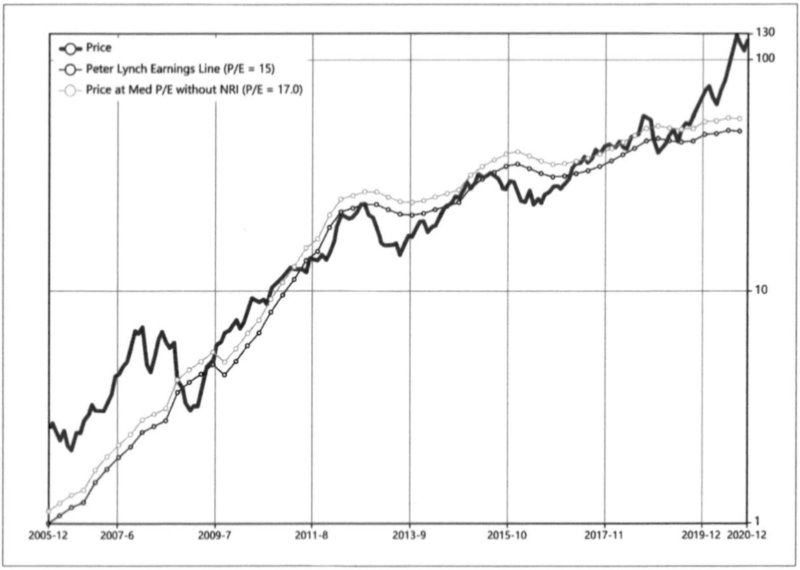

圖片來源：Gurufocus

圖24為蘋果公司的彼得林區圖表，可以發現股價走勢伴隨著穩定的盈餘上漲，直到二〇二〇年股價開始飆漲，大幅脫離原本的軌道，這時就要注意股價是否被市場高估，有過熱的現象了。

Guru Trades（大師交易）

在Peter Lynch Chart下方是「Gruu Trade」功能，Gurufocus網站在Gurus Latest Trades」（最新大師交易）中記錄了機構投資人、避險基金與知名投資者的交易紀錄，下方則列出該個股目前的持有者，由持有最多

圖 25　Gurufocus 網站的 DCF Calculator 頁面

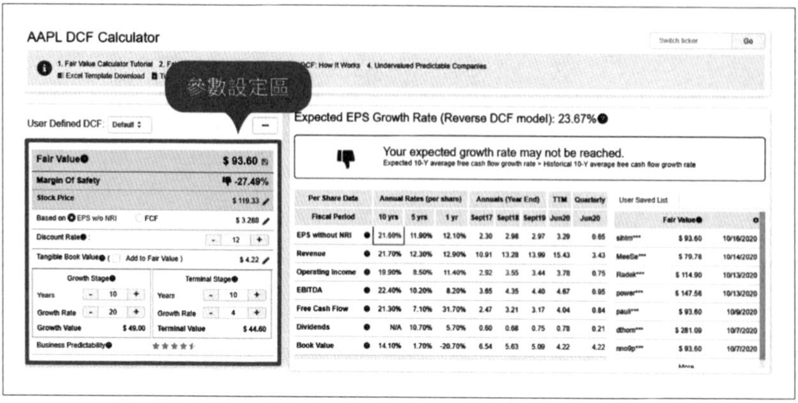

圖片來源：Gurufocus

者依序排列至最少，並顯示占總管理資產的比例。藉由觀察這些聰明錢的流向，就可以提早發現潛在的獲利機會。

DCF Calculator（現金流量折現計算機）

在個股頁面中，Gurufocus 還提供了免費的現金流量折現計算功能（參圖 23 的④），投資人可依照網站的預設參數或自行輸入參數，計算出目前的合理股價。

以蘋果公司為例，網站上的預設值如下（參圖 25）：

一、計算基準預設為最近十二個月的每股盈餘的數字進行計算。

二、成長率（Growth Stage）：網站預設為過去十年的平均成長率，數值不小於五%

與不大於二〇%(若成長率小於五%,則預設為五%;若成長率大於二〇%,則預設為二〇%)。

三、終值成長率(Terminal Stage):網站預設為四%,這是指公司跨越高速成長階段後的成長率。

四、折現率(Discount Rate):折現率為投資人的預期報酬率,設定的數值應高於大盤平均報酬,網站的預設值為十二%。

根據網站設定的參數計算出蘋果公司目前(二〇二一年一月二日)的合理股價為七二.二二美元,實際股價為一三二.六九美元,超出合理股價八三.七%,判斷目前股價處於高檔。投資人計算出來的合理股價可作為進出場的參考依據,但要提醒一下,運用現金流量折現法還需預估公司的未來成長率,但營運狀況是會隨時間與環境而變化,投資人對於股價的判斷也應隨著資訊的更新而動態調整,才不會因為被估值錨定而錯失進場機會。

Dividend(股息)

Gurufocus 網站也提供個股股息查詢的功能(參圖23的⑤),資訊相當完整。進入股息頁面後，顯示公司從哪一年開始股息持續成長，還有殖利率（Dividend Yield）、股息發放率（Dividend Payout Ratio）、近五年的平均股息成長率（Growth Rate）、成本殖利率（Yield on Cost）與回購率（Share Buyback Ratio）等資訊。

Total Return Calculator（總報酬計算機）

在Dividend（股息）頁面下方有「Total Return Calculator」功能，可以計算出持有該股票（含資本利得與股息收益）的總報酬，頁面右側還顯示了殖利率走勢圖。殖利率的計算公式是股息除以股價，當長期穩定配息的公司殖利率來到高檔或低檔時，可能代表股價被低估或高估。

第四部

用圖表判讀買入時機

研究完公司的基本面後，

投資人若想要再更全面地評估一家公司，

應該在決策流程中加入最後一項工具──技術分析。

當你客觀地面對技術分析這項工具、讓它為你所用時，

它反而能幫助你擺脫情緒的影響，做出更理性的投資決策，

讓你可以更好地掌握進出場原則。

第11章 評估股票，必須加入技術分析

在前述章節中，用了很多篇幅討論如何判斷一家公司是否處於高速發展的產業、公司的財務體質是否良好，以及這家公司是否適合投資。不過在研究完公司的基本面後，投資人若想更全面地評估一家公司，應該在決策流程中加入最後一項工具——技術分析。

講到技術分析，很多人馬上聯想到許多常見的技術指標如「隨機指標」（Stochastic Oscillator, KD）、「平滑異同移動平均線指標」（Moving Average Convergence Divergence, MACD），然後就產生排斥的念頭。但我認為，投資最重要的應該是觀察趨勢的變化，虛心接納所有市場上的訊號，並從中找出對自己有利的線索。

舉例來說，技術分析就如同在YouTube影片下方看到的點擊率數字，你無法從這個數字斷定這部影片的質量好不好，但可以知道人氣高不高，以及現在的趨勢是什麼。技術分析匯集了每一位投資人進行的動作（買進或賣出），並以數字或線圖呈現出來。

加上技術分析不僅只有指標判讀，也涵蓋了股價型態的辨識技巧。當你客觀地面對

技術分析這項工具、讓它為你所用時，它反而能幫助你擺脫情緒的影響，做出更理性的投資決策，讓你可以更好地掌握進出場原則。

降低機會成本

投資中最重要的一個概念，就是「機會成本」。它代表了個人、投資者或企業等不同主體的潛在收益，有可能因為選擇了其他的替代選項而犧牲潛在收益。由於機會成本往往是無形的，所以很容易被一般人忽略，也因此導致許多令人扼腕的結果。

當一個人在決策過程中面臨眾多選擇、思考著哪個選項對自己最有利時，就該考慮機會成本的問題。假設有兩個選項A和B，一旦選擇了A而放棄B，則機會成本就是指你放棄B的價值。

在投資市場中，每個人的資金都是有限的，如何讓它在有限的資源下發揮最大的價值，根據每個投資標的進行分析、比較與投入，就是一種機會成本的比較。透過基本面的研究，我們可以對所持有股票的公司有更深入的認識。當公司面臨短期的營運狀況時，投資人可趁低檔撿便宜，並享受價格回歸到內在價值的好處。而正因為我們認為這些公司比其他漲多的公司更具有上漲的潛力且獲利空間更大，損失的機會成本就更小。

而將技術分析加入到決策流程中，能幫助我們降低機會成本。與上述挑選投資標的不同的是，在這個環節我們比較的不是潛在獲利機會，而是「時間」，也就是在同樣的獲利條件下，哪一個選項能用最短的時間達到預設的報酬率。而在這樣的投資邏輯下，就能讓資金的配置效率達到最佳化，更快累積我們的財富。

讓價格回歸價值

該用什麼方式降低機會成本、提高投資報酬，而價格又如何回歸到價值上，做法就是把基本分析結合技術分析，才能了解背後的邏輯並做全盤思考。

首先，以純粹的價值投資來說，在不考慮一家公司的成長價值，就目前擁有的資產計算出真實價值，以判斷該公司股價是被低估或高估。當股價高於真實價值，代表股價中藏有其他隱含價值或被市場給予樂觀的期待而高估；而當股價低於公司價值時，也有可能是市場對於公司的前景過於悲觀，寧願以低於價值的價格賣出，也不願意持有。

這是價值投資者最擅長的領域，憑著敏銳的察覺力找到被低估的股票，賺取豐厚的報酬。價值投資之父葛拉漢曾說：「這個市場總會有一股神祕的力量讓價格回到價值。」但是，這樣調整的時間需要多久則無法確定，會用什麼樣的方式來進行也沒辦法預測。

以過去的紀錄來看，有幾種方式可以促使一家公司的價值回歸。第一種是公司的經營管理層表現出眾，大刀闊斧地進行改革與重整，讓公司重新恢復活力，使投資人對公司的未來展望重拾信心，開始買進公司股票，激勵股價上漲。

另一種方式則是主動型投資人（activists）常採用的策略，他們會買夠多的股份進入董事會，主導企業的決策，在過程中逐漸釋放出企業價值，讓其他投資人也注意到公司的轉變，開始買進股票推高股價，也讓這些主動型投資人大賺一筆。只不過一般投資人沒有主動投資人的資源可以利用，很難靠這種方法獲利致富。

最後一種我認為是一般投資人最適合、也最能掌握的方法，那就是觀察市場變化，追蹤有重大事件公布或股價突然劇烈波動的公司，了解這些公司是否有任何「催化劑」發生，讓投資人發現公司內在價值的提升，驅動股價反轉。

常見的催化劑包括企業進行轉型或變革時，更換原本經營不善的管理者、出售效率不彰的資產、調整營運策略來提振營收等措施，使公司的營運狀況獲得改善，轉虧為盈；或是公司所屬的產業開始高速發展，推出新的產品與服務受到客戶青睞，成為市場上的主流，於是營收開始大幅成長，也造成股價上漲。

催化劑是股價動能的來源，所謂的「動能投資」就是源於市場上大多數投資人開始注意到某檔股票並且買入。由於需求上升、資金流入，形成一股強烈的推升力道，促使股價快速上漲。市場上資金流入的動能會開啟一波股價上漲的新趨勢，投資人若是在這時進場布局，也可以為自己帶來相當不錯的報酬率。

打開股價線圖，在催化劑發生的同時，往往也是技術面重要的關鍵位置。由於美股沒有漲跌幅的限制，在重大消息公布時，股價通常會有跳空現象產生，脫離原本橫盤整理的區間，成為型態上的強勢訊號，是投資人可以考慮的進場位置。接下來幾章會就幾個重要的技術型態做詳細介紹，幫助投資人嗅出訊號，做出正確決策。

第12章

最簡單好用的技術分析：移動平均線與趨勢線

投資人在市場的目標是什麼？答案一定是找到會上漲的股票，因為沒人看到剛買進的股票一直下跌還會開心。只靠基本面分析雖然可以找到好公司，卻沒辦法預測買進後的股價會先上漲還是下跌，這時加入技術分析因素，幫助判斷當下的情境是否對自己有利就相當重要。

在採用技術分析作為輔助工具時，不需要把所有指標都套用進來，而應專注於觀察股價的型態變化，例如目前屬於強勢型態、整理型態或弱勢型態，辨別公司當下所處位置，找到最合適的進場時機。最主要的判斷依據，就是「移動平均線」與「趨勢線」。

判斷趨勢的指標：移動平均線

在技術分析中，移動平均線是非常基礎卻具重要意義的指標。計算移動平均線的方式，是加總特定時間段內的成交價格，除以交易天數來計算出平均值，利用這樣的方式來減少股價隨機波動的影響，平緩這段時間持續變化的價格數據。

移動平均線的三種架構與判讀

由於股價是每天更新，透過移動平均線可以讓投資人更容易判別股價的趨勢變化。除此之外，幾乎每一家的看盤軟體都提供移動平均線的指標資訊，投資人相當容易取得，如果能夠善用移動平均線，對於投資決策也有很大的幫助。

一般來說，我最常參考的移動平均線有三種時間架構：

一、二十日均線：也代表月線，計算最近一個月的股價平均成交價格。

二、五十日均線：也代表季線，計算最近一季的股價平均成交價格。

三、兩百日均線：也代表年線，計算最近一年的股價平均成交價格。

由於移動平均線是基於過去的數據來計算，屬於滯後指標。移動平均線涵蓋的時間愈短，愈可以表示近期的股價表現；而涵蓋的時間愈長，雖然可以顯示股價長期的表現，但滯後性也會愈大。所以，移動平均線不應該拿來作為預測工具，而應該作為確認工具，用以確認股價的發展趨勢，以及股價的重要支撐與壓力位置。

• 判斷趨勢方向

我認為，判斷股價當前的發展趨勢是移動平均線的最重要功能。當移動平均線的斜率是正的，股價位於移動平均線的上方，代表公司股價走勢向上發展，屬於強勢訊號。如果移動平均線的斜率是負的，股價位於價格平均線的下方，則代表公司股價走勢向下發展，屬於弱勢訊號。

圖26是蘋果公司二〇一四至一七年的股價走勢，當股價位於三條均線之上，則呈現明顯上升趨勢，即便股價拉回整理，在均線附近也會有支撐力道，支持股價重新回到上漲軌道。而當股價開始跌破均線，就必須注意是否有反轉跡象，一旦股價跌破所有均線之下，則開始呈現明顯的下跌趨勢，在反彈沒有突破均線之前，都是相當弱勢的型態。

移動平均線愈陡峭，代表行情的走勢速度愈快也愈強勢。當股價在短時間內飆漲或暴跌，長短期均線之間的距離會被快速拉開，一旦股價距離均線太遠，就會造成乖離過大的情況。這時可能會有短期獲利了結的賣壓出現，使得股價走勢開始趨緩，動能減弱，於是移動平均的斜率變得平坦，行情的波動縮小，所有的移動平均線會愈來愈靠近，出現股價高檔或低檔的盤整期，有相當大的機率是在醞釀下一波的趨勢發展。

圖 26　蘋果公司 2014 至 2017 年股價走勢

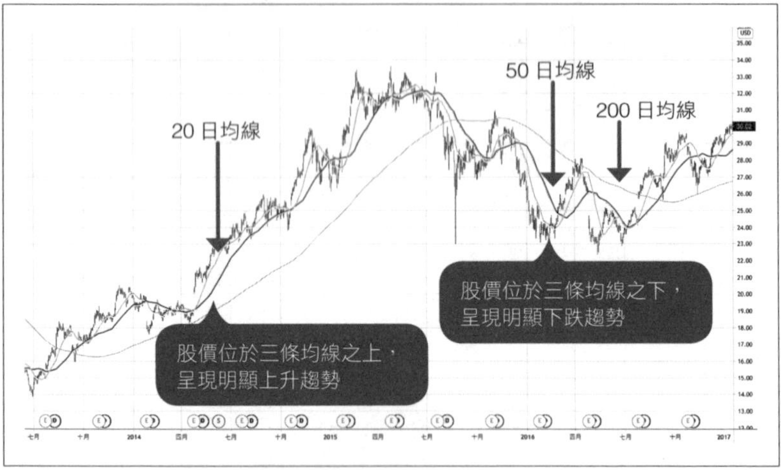
50 日均線
20 日均線
200 日均線
股價位於三條均線之下，
呈現明顯下跌趨勢
股價位於三條均線之上，
呈現明顯上升趨勢

圖片來源：Tradingview

• 支撐與壓力位置

移動平均線涵蓋的時間愈長，愈能代表一家公司股價的長期趨勢，也更不容易反轉。所以當股價下跌接近移動平均線的位置時，通常會有支撐力道讓股價稍做整理，然後開始後續的走勢。而股價上漲接近移動平均線時，也會有阻擋壓力必須整理突破。

對長線投資人來說，找到一家值得長期投資的好公司，希望在合理的價格買進，就不該在股價飆漲時進場追高，而是耐心等待股價拉回再分批進場布局。觀察這類型公司的股價，最好的進場點通常是在兩百日均線附近，因為股價在兩百日均線附近會形成強力支撐，一旦跌落至兩百日均線附近，通常

圖片 27　迪士尼 2017 至 2020 股價走勢

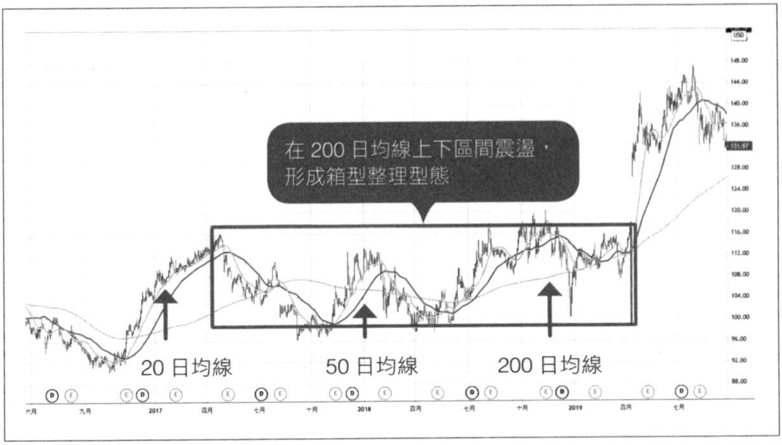

圖片來源：Tradingview

賣壓減弱，買盤增強，逐漸構成箱型整理型態（參圖27）。投資人若確認基本面沒問題、公司本質仍然強健，就可以考慮在兩百日均線附近開始建立部位，等待籌碼穩定後股價重新回到原本的上漲軌道。

對於短線或波段操作的投資人來說，則可加入長／短期移動平均線的黃金交叉與死亡交叉來判定買／賣點。當短期均線突破長期均線時稱為「黃金交叉」，可視為買進訊號；相反地，當短期均線向下突破長期均線時稱為「死亡交叉」，可視為賣出訊號（參表46）。

二〇二〇年以來，許多雲端類股漲勢強勁，例如遠距會議軟體 Zoom（美股代號ZM），短線上漲幅度都相當驚人。在短期移動平均線向上穿越長期移動平均

表 46 黃金交叉、死亡交叉的操作策略

	黃金交叉	死亡交叉
短期	5 日線向上穿越 20 日線→買進	5 日線向下穿越 20 日線→賣出
中期	20 日線向上穿越 50 日線→買進	20 日線向下穿越 50 日線→賣出
長期	50 日線向上穿越 200 日線→買進	50 日線向下穿越 200 日線→賣出

線，形成黃金交叉時買進股票，藉由移動平均線來判斷進場位置，可以幫助投資人降低股價大幅波動對心理造成的影響，更有紀律地進出市場，賺取不錯的報酬（參圖28）。

同樣是雲端成長股，以Qualys為例，一旦短期股價轉弱，短期移動平均線向下穿越長期移動平均線，形成死亡交叉時賣出股票，可以幫助投資人保住應有的獲利，或是及時出場，降低虧損對整體資產造成的損失，提高手上的現金部位去尋找更好的投資機會（參圖29）。

當所有的均線都維持正斜率，表示公司股價維持強勢上漲狀態。想要買入公司股票的投資人，可在股價拉回至長期均線整理、短期均線突破長期均線時進場，降低追高的風險。

在買入公司股票後，只要股價持續上漲，長短期均線的趨勢尚未反轉之前都不需要賣出。除非發生短期均線向下突破長期均線、股價大幅下跌時，這時就需要注意風險，考慮減碼股票，將獲利入袋為安。

至於該選用時間多長的移動平均線，取決於投資人設定的持

圖 28　Zoom 於 2020 年股價走勢

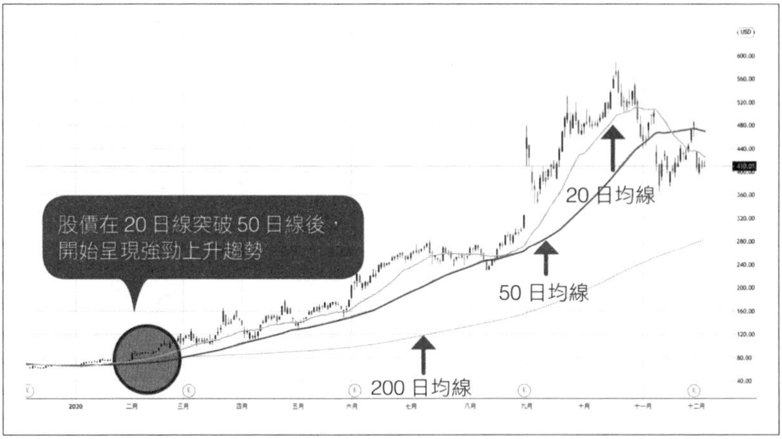

圖片來源：Tradingview

圖 29 Qualys 於 2020 年股價走勢

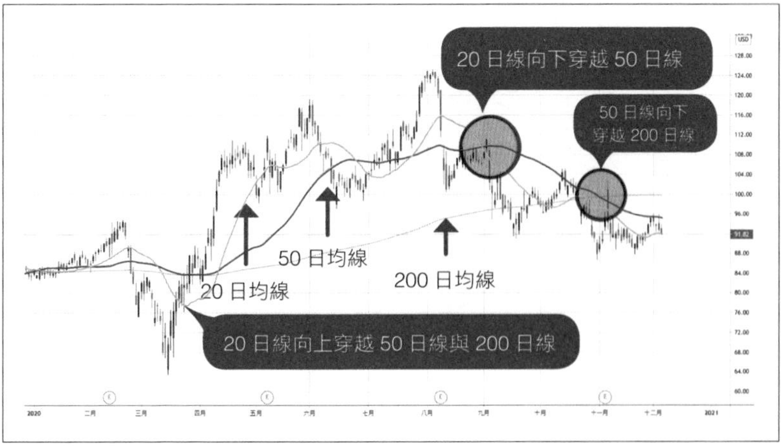

圖片來源：Tradingview

有時間，我們稱之為「時間架構」。短線交易者通常選用的時間架構較短，觀察短期的移動平均線來決定買賣點；而長線投資人選用的時間架構較長，觀察更長期的移動平均線來決定買賣點。這表示如果是用長期移動平均線來進行買賣點的決策，就可以減少交易次數，持有時間也愈長，降低因為頻繁交易而產生的交易成本。

延伸指標：MACD

移動平均線是相當實用的指標，根據移動平均價格的計算也衍生出許多相關的指標，例如「平滑異同移動平均線指標」（以下簡稱MACD）。

MACD的計算方式是把短期移動平均減去長期的移動平均，通常採用十二日和二十六日的指數移動平均（exponential moving average, EMA）得出的差值，來觀察長短期移動平均線處於收斂還是發散。當MACD為正值且價格位於均線之上時，表示股價處於上升趨勢；當MACD為負值且價格位於均線之下時，表示股價處於下跌趨勢。

計算出MACD指標後，再計算出最近九個交易日的EMA，稱為「訊號線」。觀察圖30下方的兩條曲線分別代表MACD與訊號線的走勢，下方的直條圖表示MACD與訊號線的距離。若MACD大於訊號線，則直條圖高於零軸；若MACD小於訊號線，則直條圖低於零軸。

圖 30　蘋果公司 2020 年股價走勢

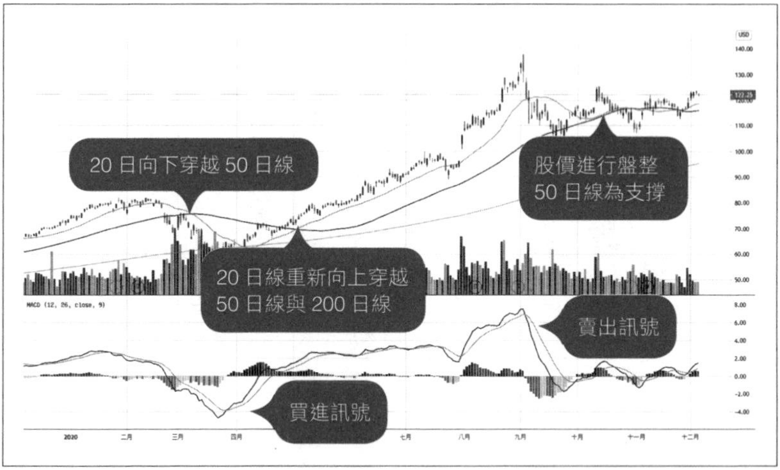

圖片來源：Tradingview

與黃金交叉和死亡交叉策略相同，當MACD由下往上穿越訊號線為黃金交叉，且直條圖由負轉正時，代表買進訊號；而當MACD由上往下穿越訊號線為死亡交叉，且直條圖由正轉負時，代表賣出訊號。

準確判讀進出場時機指標：趨勢線

除了移動平均線，我認為加入股價趨勢線的判斷，可以更清楚地觀察價格的變化，更準確地判斷進出場時機，降低進出市場的頻率。

一個趨勢的形成需要的元素很多，除了市場上參與者的數量、投入的資金以外，還需要時間的累積，也因此當趨勢形成後，除非有重大事件發生，否則趨勢很難突然被逆轉。舉例來說，二〇二〇年初的新冠肺炎疫情爆發，扭轉了過去長達十年的美股牛市，標普五百指數在三月底跌破前一個低點，甚至跌破了二〇一二年以來的長期趨勢線（參圖31），市場中蔓延著恐懼的氣息，深怕一九二九年的大蕭條悲劇又再重演。

以前述內容來判斷，投資人在股價跌破均線、呈現弱勢型態時就應該減碼應對，等待更好的進場機會。而觀察股價在跌破趨勢線後，開始有買盤進場承接，一旦重新回到趨勢線上方，就是相當理想的進場位置。其後在短期均線翻揚、向上突破長期均線時，更可以順著趨勢逐步進場加碼。

趨勢線畫法與判讀

趨勢線呈現了市場或標的資產的整體方向，投資人可依股價的發展繪製出趨勢線。在股價波動的頂點（波峰與低谷）分別進行連接，形成一個股價走勢的通道，就可以找出股價的壓力與支撐區，提早進行投資規畫，面對突發狀況時也能更快做出反應。

趨勢線的繪製有兩個重點：

圖 31　標普 500 指數 2011 至 2020 年股價走勢

圖片來源：Tradingview

一、兩點成一直線，趨勢線可以連接的點愈多，愈具有代表性。

二、趨勢線可連結的點覆蓋時間愈長，愈具有代表性。

參考圖32，在趨勢發展過程中，每一次股價的上漲或下跌接近趨勢線時都會形成支撐或阻力，市場中看多與看空的投資者相互角力，醞釀下一波走勢的力道。只有在一方獲勝後，股價才會有所突破，決定趨勢將延續還是反轉。

畫好趨勢線後，可以觀察目前的股價走勢處於上升趨勢、下降趨勢或橫盤整理，藉此辨識出目前的股價形態，評估未來的發展。上升趨勢線可作為股價拉回整理的支撐，下降趨勢線則作為股

圖 32　趨勢線畫法

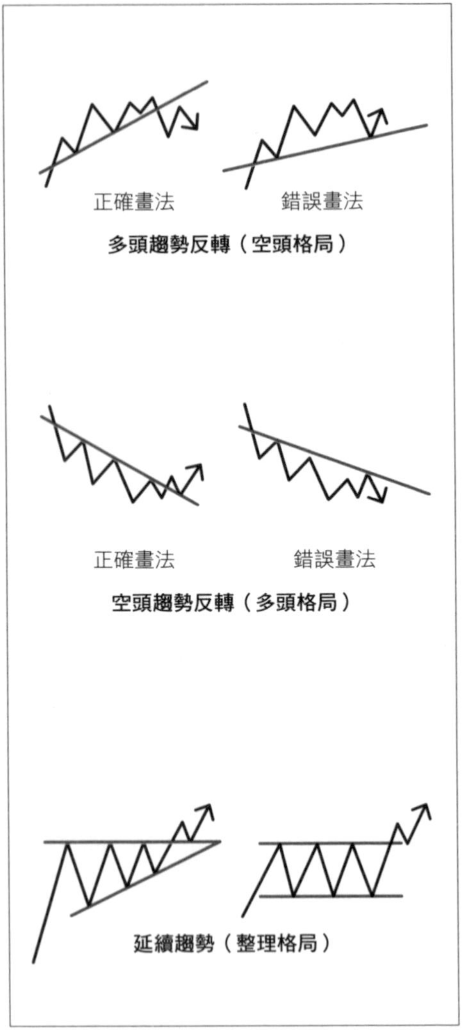

價繼續上漲的壓力（參圖33），而橫盤整理的上緣與下緣，也可作為支撐與壓力（參圖34）。不論股價未來是突破了下檔支撐或突破了上檔壓力，都可視為是行情發動的重要訊號。

所以，當公司股價仍在上升趨勢、股價短期拉回接近趨勢線時，都是可以考慮的進場點。除非股價跌破趨勢線，使得原先的股價慣性遭到改變，這時就要小心股價會有更

圖 33　好市多 2020 年股價走勢

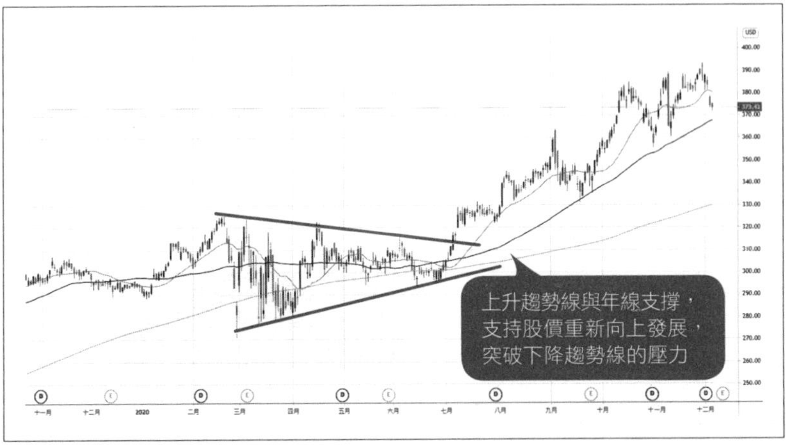

圖片來源：Tradingview

圖 34　亞馬遜 2019 至 2020 年股價走勢

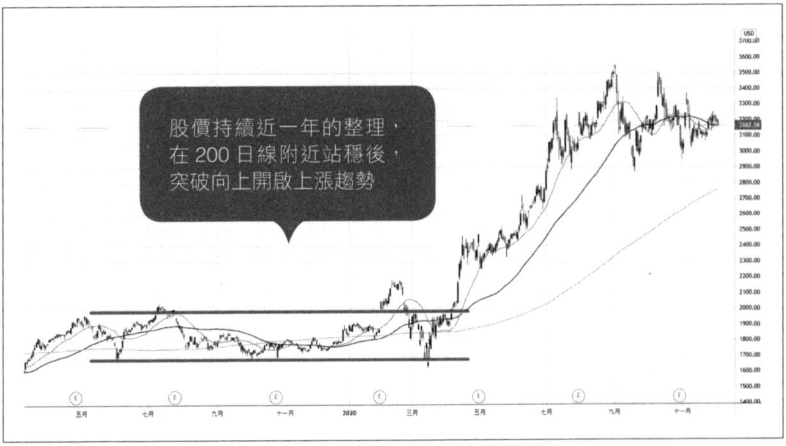

圖片來源：Tradingview

圖 35　Zoom 於 2020 年股價與 RSI 背離狀況

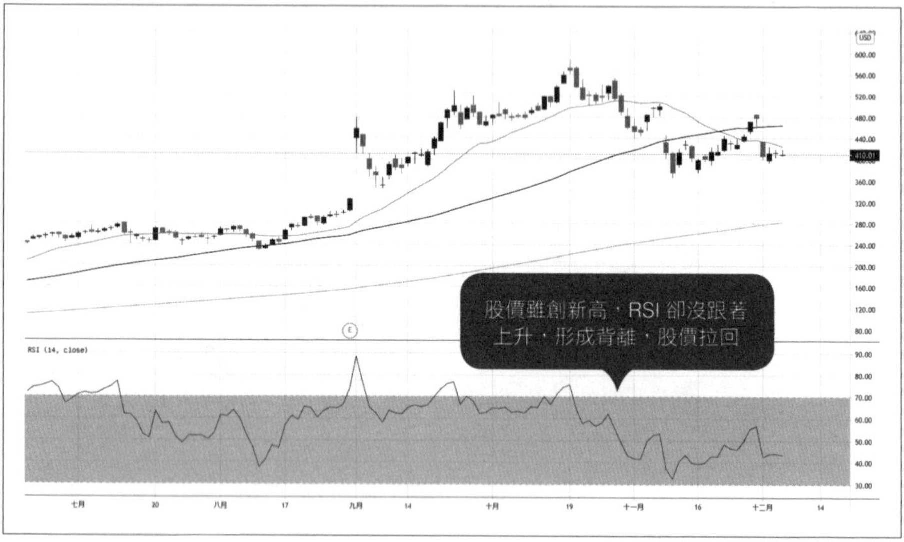
股價雖創新高，RSI 卻沒跟著
上升，形成背離，股價拉回

圖片來源：Tradingview

進一步重跌，應該先減碼出場。

投資人也可以觀察趨勢線與移動平均線的位置，當兩者接近時，可作為雙重的支撐與壓力，對於股價走勢的影響更大。若股價在這邊有重大的突破發生，通常會引發一波更劇烈的走勢，趨勢延續或反轉的指標性更強。

延伸指標：RSI

透過加入「相對強弱指標」(Relative Strength Index，以下簡稱RSI），可以衡量股價趨勢延續性，以及預先察覺股價轉弱的訊號。

RSI指標的數據非常容易

取得，投資人不需要深究計算方式，但要了解該指標通常採取十四天的數據，由市場上的買盤與賣盤計算得出，其數值介於零到一百之間。數值愈大，代表市場上的買盤愈強，股價上漲氣勢愈盛；數值愈小，代表市場上的買盤愈弱，股價下跌的情況有很大機率會持續下去。

一般來說，RSI指標高於七十時代表超買，低於三十時則代表超賣，但在美股中，由於股價上漲的延續力道相當強勁，即便處於超買階段，也不代表股價會馬上反轉下跌。不過當股價短期內飆漲到一定程度、買氣逐漸趨緩時，RSI指標由超買區向下跌破七十，則有可能引發股價進一步下跌。或者股價在創新高的過程中，RSI指標數值並沒有跟著創下新高，形成背離狀況（參圖35），這時投資人才需要採取動作。

利用RSI來追蹤股價當前的價格變化，我們可以藉此評估漲勢是否能夠延續，調節手中漲多的部位，進行投資組合的彈性配置。

第13章 股價型態判讀：順勢追高或逢低布局

在了解移動平均線與趨勢線之後，股價型態判讀就相對簡單多了。這一章將介紹常見的基本股價型態，讓讀者可以更快地理解這些型態所代表的意義，以及可能引發的後續走勢。

常見的型態包括「整理型態」與「反轉型態」。在上漲的過程中，由於有些投資人會先獲利了結出場，有些人會在中途買進加入，一買一賣之間就會形成股價的區間震盪，市場上多空呈現拉鋸，等待下一波走勢的發動，繼續過去的走勢，這就是「整理型態」，例如箱型整理、三角形整理或旗型整理等都屬此類。

而「反轉型態」則是股價的趨勢即將有重大轉折，由於趨勢的變化不會一夕反轉，有可能經過幾天、幾週甚至幾個月的洗盤，最後才終於反轉向下突破。所以，理解基本的股價型態，能幫助我們就反轉型態的特徵預先辨識警訊，避免確認反轉後蒙受重大的損失。

圖 36　箱型整理

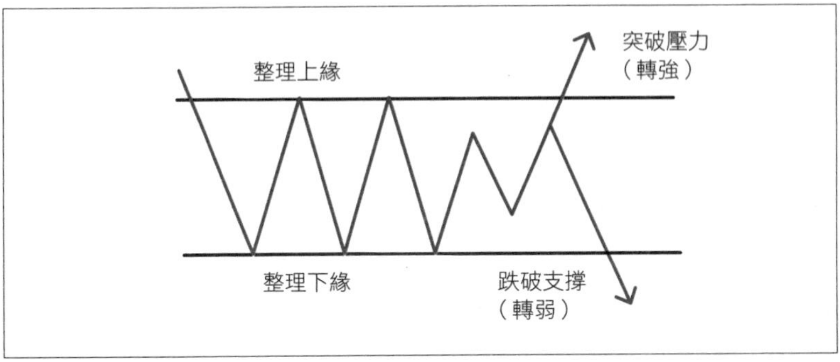

整理型態：箱型整理的漲跌趨勢觀察

如前所述，整理型態是指股價在一個固定的價格區間上下震盪，沒有走出明確的方向。在這個區間內，股價的上緣壓力與下緣支撐，各自可以繪製出一條水平線，形成像「箱子」一樣的四方形，故稱為「箱型整理」。此時的股價正在進行盤整，消化凌亂的籌碼，多方及空方的角力拉鋸，等待走出一個明顯的趨勢。

如何畫出箱型型態呢？只要連接每個高點畫出上緣壓力線，以及連接每個低點畫出下緣支撐線，就會呈現一個盤整型態。如果股價大幅突破箱型整理，代表買進訊號；如果股價跌破箱型整理，則代表賣出訊號（參圖36）。

箱型整理有可能出現在價格的低檔或高檔，但也會出現在股價的發展過程，因為股價在上漲與下跌時不可能一路飆漲而不經過籌碼的整理。每當上漲到某個程度，通常會發生籌碼換手的狀況，形成短期的平台整理。這時賣方代表對該股票的供給量，買方代表對該股票的需求量，決定股價未來的走勢發展。

如果想要賣出股票的人多於想要買進股票的人，也就是供給大於需求時，股價便開始下跌。當股價跌破整理區間的下緣支撐，市場上其他投資人也會跟著拋售股票，驅動股價有更明顯的跌勢。

相反地，如果想要買進股票的人多於要賣出的人，也就是需求大於供給時，股價便開始上漲。當股價突破整理區間的上緣壓力，市場上其他投資人也會跟著追捧股票，驅動股價有更明顯的漲勢。

以星巴克為例，二〇一五至一八年經歷了相當長時間的整理區間，股價上下震盪，沒有明顯的突破發展。直到二〇一八年底，由於財報利多驅動股價上漲，帶量突破後才啟動一波強勁的上漲。也因為之前盤整的時間長，上漲幅度會更大，每股從六十五美元上漲到快一百美元，不到一年時間漲幅超過五〇%（參圖37）。

另外是股價高速發展中的箱型整理，例如二〇二〇年疫情爆發以來股價上漲超過七倍遠距會議軟體「Zoom」，在經歷第一階段上漲後開始進行橫盤整理，籌碼的消化與緊接而來的財報利多，啟動了股價的第二波飆漲（參圖38）。

圖 37　星巴克 2015 至 2018 年股價的箱型整理型態

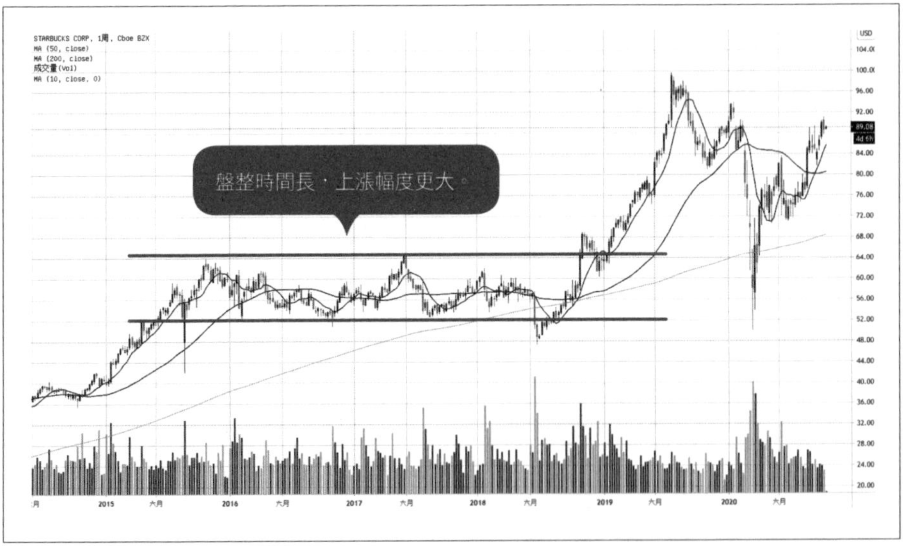

圖片來源：TradingView

圖 38　Zoom 於 2020 年的股價走勢圖

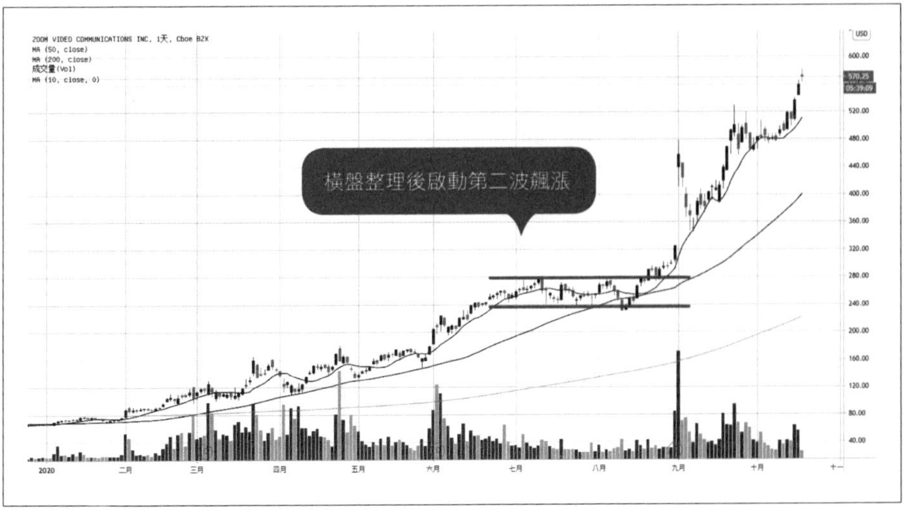

圖片來源：TradingView

反轉型態：頭部與底部判讀

反轉型態的發生，對投資人來說是相當重要的訊號。股價在低檔建構反轉型態，有可能是基本面開始轉好，機構投資人開始偷偷買進，買盤支撐股價不再下探低點，也是股價即將止跌回升的訊號。這時候投資人可以關注股價的後續發展，一旦反轉確立便可以進場布局。

反之，股價若是在高檔建構反轉型態，則是相當不利後續走勢的訊號。一檔股票經過一段強勢的上漲而來到高點，卻沒有持續的買盤支撐股價再創新高，反而有賣壓出籠，讓股價的波動開始加大，就要小心是否有人正在出貨，把股票倒給想要追高的投資人，最後套牢在高點。

當趨勢延續一段時間，投資人若發現價格走勢開始大幅震盪，發生「高點不過、低點不破」的現象時，股價有可能正在醞釀反轉。這時投資人最好不要衝動進場，反而應該先觀察股價型態的變動，等待價格走勢確認後再採取行動也不遲。以下介紹常見的反轉型態，只要理解這些基本形態，再延伸至其他變形，就能更好地掌握股價趨勢。

圖 39　頭肩部的反轉型態

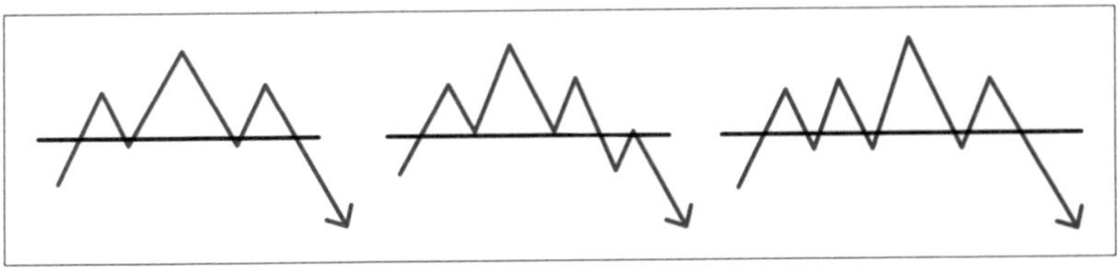

頭肩頂：頭部型態，確認高檔反轉

頭肩頂是典型的反轉型態，在發展過程中，會由一個主要的波峰加上兩側各一個高點相近的波峰組合而成，看起來很像一個人的頭部與肩膀，因此被稱為「頭肩頂型態」。

頭肩頂常見的走勢如圖39。價格在第一次創高後，股價拉回整理再重新向上創新高，不過沒有持續買盤推升股價，導致股價再次下跌至前一個低點。雖然股價在前一個低點仍有支撐力道，但重新上漲後無法再創新高，僅上漲到第一個高點後就再次下跌，這時就已經有了頭肩頂的雛型產生。

要確認股價是否反轉向下，股價向下突破兩個低點連成的頸線是關鍵，也是頭肩頂確定成形的必要因素。縱然股價還想重新振作往上，但頸線已經變成主要的壓力，阻止股價發展，也讓股價陷入弱勢的局面。除此之外，圖中的頭肩頂型態不一定只有兩個波峰，也有可能如圖39的右圖中所見，只要將頸線相連，股價向下突破仍可確認反轉成立。

圖 40　通用電器 2015 至 2018 股價走勢

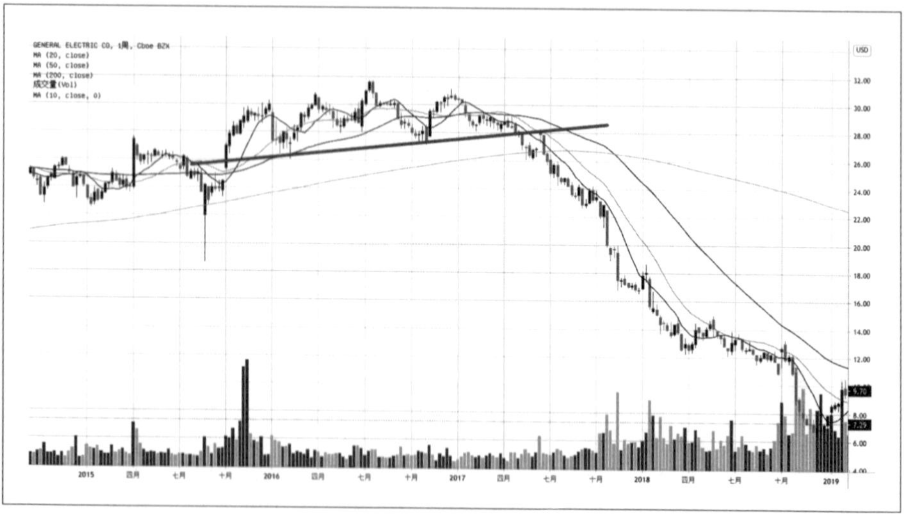

圖片來源：TradingView

但不是每一個頭肩頂型態都是標準型，只要多觀察就能找到共通點，預先設下停損點，控制投資風險。以通用電器（General Electric Company，美股代號GE）為例，二〇一六年的走勢是相當典型的頭肩頂型態，股價在二〇一五年底伴隨高成交量創下新高後拉回，後續股價雖然再度創高，卻沒有成交量的支持，導致走勢後繼無力。二〇一七年五月跌破頸線，引發瀑布式的下跌走勢，從每股三十美元下跌至十美元以下（參圖40）。

再看看食品公司「卡夫亨式」（The Kraft Heinz Company，美股代

圖 41　卡夫亨式 2016 至 2019 年股價走勢

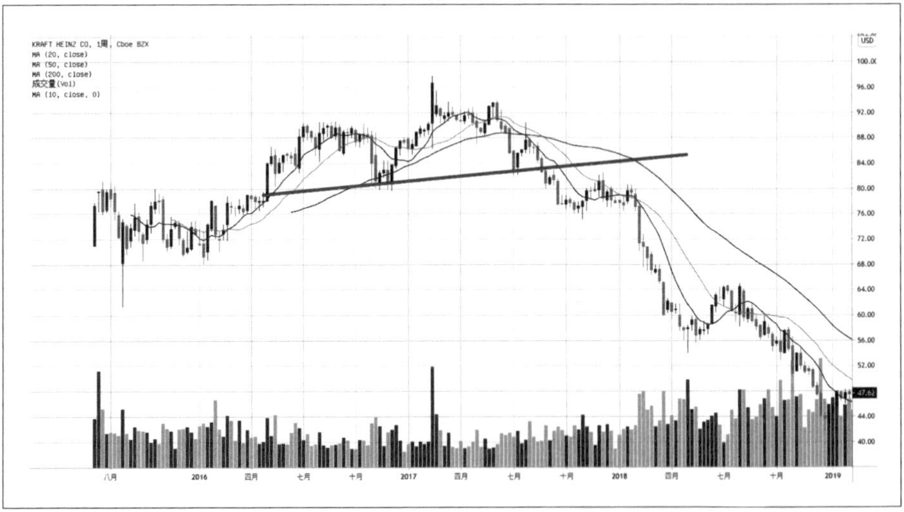

圖片來源：TradingView

圖 42　頭肩底的反轉型態

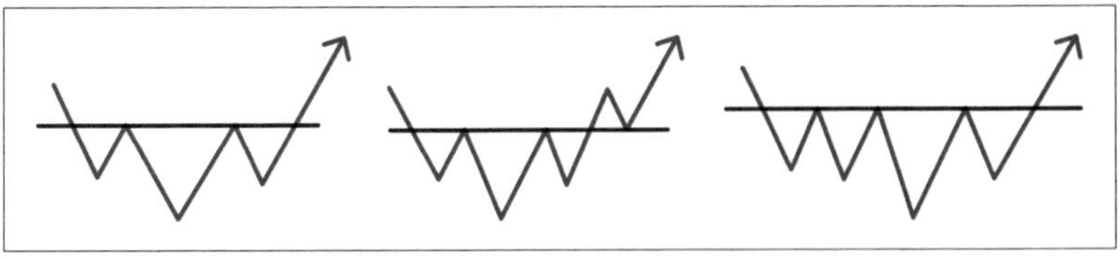

號KHC）的股價走勢也是如此，股價上漲創新高的過程中，由於沒有伴隨成交量的支持而露出疲態，股價跌破頸線後雖然進行了約五個月的整理，卻仍無法重新站回頸線之上，開啟另一波更嚴重的下跌走勢（參圖41）。

頭肩底：底部型態，確認低檔反轉

頭肩底與頭肩頂是完全相反的型態，也代表完全不同的意義。頭肩底是由三個波谷組成，主要的波谷呈現的價格最低，其餘兩個波谷則低點相近，是確認股價跌無可跌、準備鹹魚翻身的典型反轉型態。常見走勢如圖42。重要的確認訊號是，在價格下跌的過程中，股價雖創新低，但成交量逐漸縮減，最後挾大量上漲突破頸線。

具有頭肩底型態的公司，通常都是股價之前歷經嚴重跌勢後陷入低檔整理，等待基本面改善與籌碼消化後，才有辦法重新振作。蘋果公司在二〇一五至一六年時，因創新能力被市場質疑，結果公司股票遭到拋售，股價在當時陷入泥沼，直到二〇一七年才開始有顯著的突破發展（參圖43）。

再看看運動品牌耐吉，二〇一六年可說遭遇逆風，股價陷入低潮，歷經快兩年的整理才有明顯突破，股價在突破後開啟一段明顯的上漲趨勢（參圖44）。更多關於耐吉基本面變革的討論，請參第五部。

圖 43　蘋果公司 2015、2016 年股價震盪下挫

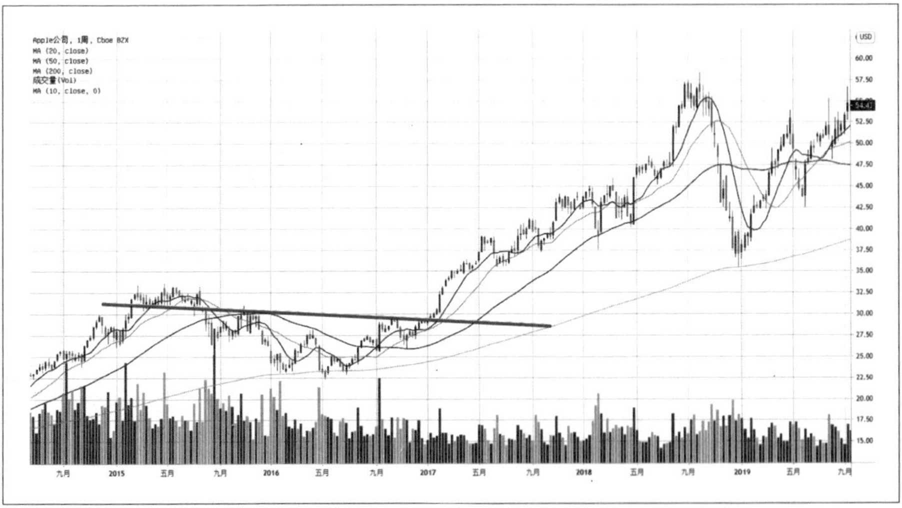

圖片來源：TradingView

圖 44　2015 至 2017 年，耐吉股價經過近兩年的整理

圖片來源：TradingView

以上幾種股價型態的分析是觀察股價趨勢的有效方法，幫助投資人在關注基本面之餘多一個判讀指標，更準確地掌握進場時機。

創造股價突破的催化劑

好的投資機會難求，不是隨時都有，投資人只能做好準備，耐心等待機會來臨時馬上把握住。所以，平時投資人花最多時間的地方應該是在研究企業價值、產業趨勢與風險控管，從企業的商業模式、財務報表及經濟趨勢等進行分析。找到好公司後，接著就是等待預設的價格訊號發生，下決策的時間其實最短。

從前面的討論中可以了解到，在行情即將展開前，從股價型態通常可以觀察到蛛絲馬跡，接下來要說明是什麼原因造成價格型態突破，使價格的上漲或下跌得以持續下去，發展成明顯趨勢。

在美股這個高效率的市場中，催化劑是驅動行情的關鍵因子、創造股價突破的訊號。所以投資人單看技術分析時會覺得毫無頭緒，但若加上催化劑這個因素，一切其實都符合邏輯。

營收報告超過預期

美股中最常見的催化劑，就是營收報告超過市場預期，跌破分析師的眼鏡。在每一季的營收公布日，股價都會有相當大的波動，有時甚至直接跳空上漲百分之二十至三十以上。除了上一季的財報表現優異之外，投資人還需關注管理層在財報會議上給出的營收預期，因為公司內部一定是最了解狀況的人，只要給出的營收預期樂觀、上調原本的數字，對於股價也會有很大的激勵作用。

更換管理階層

許多公司的股價萎靡不振，這是因為公司的管理出了問題。原本的經理人沒辦法領導公司成長，導致營運衰退，於是市場看壞而拋售持股。這時若公司宣布更換管理階層或傳出有主動型投資人介入，對於公司的股價具有激勵作用。然而股價反彈是否能維持下去、扭轉原本的股價劣勢，還得看新管理階層提出的營運規畫，投資人必須持續追蹤。

重大併購事項

當公司有重大的併購案發生時，對於公司股價通常具有巨大的影響，但究竟會上漲或下跌，還要看併購案的內容對雙方是否有利、能否產生綜效來決定。如果兩家公司都是上市公司，那麼市場就會評估併購方的出價是否合理或買貴，或者被併購一方吃虧了，據此做出反應。

整合業務，清算資產

想要提高公司的營運效率、激勵股價上漲，整合不賺錢的業務與清算多餘的資產是相當有用的方式。與其讓資源閒置，不如將它們處理掉，還可能獲得一筆額外收入，而市場通常會因此給予正面回應。不過，這個方式帶給公司的效益通常很短，股價上漲的持續性還是得回歸到公司本質是否真的改善才行。

在催化劑發生時，都會造成公司股價的劇烈反應，股價跳空上漲或下跌，通常也能確立股價型態突破。股價跳空後大都會有一段整理期，在這個時候就要思考催化劑是否具有延續性，如果能在未來逐步發酵，為公司帶來更多效益，也會帶動股價的成長。倘若答案是肯定的，也等於是投資人進場布局的好時機。

第14章 與股票斷捨離

金融交易心理輔導師馬克・道格拉斯（Mark Douglas）在他的著作《紀律的交易者》（*The Disciplined Trader*）中提到：「在交易市場中，不要成為一個被動的輸家，而是要掌握大局，採取主動。」對於已經開始下跌的股票，從技術型態就可以觀察到線索，股價呈現弱勢型態，而這通常已事先反應出基本面的問題。俗語說：「買在預期，賣在實現。」有許多你不知道的訊息正在傳遞與發酵，等到整個市場都知道的時候，已經是最後一拍，而你最好不要當最後一個傻瓜。

在股價已經朝著對你不利的方向前進時，果斷地減持手中持股，降低風險絕對是正確的選擇。降低虧損是讓資產穩健增長的唯一方式，如同巴菲特說的，投資的第一條準則是「不要賠錢」，第二條準則是「永遠不要忘記第一條」。

停損是爲了降低風險

什麼是停損？就是賣出手中虧錢的股票，把現金留在手上，尋找下一個獲利機會。為什麼需要停損呢？其實和投資時會設定出場條件是一樣的。每位投資人在擬定投資決策時設定出場點的條件都不同，如果是看中一家公司的長期價值成長而持有的股票，當公司基本面發生改變、已經不符合當初買進的理由時，當然就該毅然賣出。

但更多時候公司的股價會下跌，是因為除了你知道的原因之外，還有更多「你不知道」的因素，在之後才會公諸於世（事實上，上漲的股票也是一樣）。一般投資人沒辦法預知突發狀況，但可以透過股價型態，觀察價格與成交量的變化來察覺異狀並預做準備，或是在事件發生時及時應對，做出最好的決策。

這也是本書一直強調控制風險的目的，每一筆虧損到五〇％的投資，一開始都是從五％、一〇％開始累積的。參考表47，當你在虧損一〇％以內時停損，只需要賺十一％便可以賺回本金。但當虧損擴大時，你需要花更大力氣賺回本金。等到虧損達五〇％，你必須找到一支能賺回一倍的標的才行，但又有多少檔股票可以馬上漲一倍呢？

就算股價在停損之後又恢復到上漲的趨勢，只要把股票再買回來就好，損失的不過是五到一〇％。就把它當做付保險費吧，保險通常是最好不要用到，然而一旦發生重大

表 47　虧損愈多，賺回本金所需報酬率愈高

虧損	賺回本金需要報酬率
5%	5.26%
10%	11%
20%	25%
30%	43%
40%	67%
50%	100%
60%	150%
70%	233%
80%	400%
90%	900%

意外，就會慶幸自己有買保險，將損失降到最低，所以千萬不要因小失大而懊悔終生。

掌握出場時機

能夠接受停損概念並確實去執行，讓投資人避免陷入鉅額虧損的窘境。但大多數人之所以無法接受停損，是因為一旦虧損持續擴大時，會陷入一種情緒性麻痺的狀態，心理上無法面對虧損的現實，生理上自然沒辦法採取停損動作，這都是因為一開始沒有進行「斷捨離」的工作。

所謂「斷捨離」，是指藉由對物品進行「減法」來為自己的生活加分。也就

是斷絕與捨棄不需要的事物，幫助自己可以更專注在重要的事情上。對於生活是如此，對於投資更是如此。在投資上摒除不必要的雜訊、已經不再產生價值的資產，以及專注在目前最具有成長潛力的公司上，才有辦法提振投資組合績效。

一般投資人沒有掌控市場的能力，更沒辦法控制自己投資組合中購買的股票會漲多少，也無法控制它們會漲多久，這些都是無法預期的事情。投資人能控制的就是資金配置的比例、買進的價格（成本），以及自己的承受風險（損失），在可控的範圍內進行調整，將資金做最有效益的配置。

那麼，何時是斷捨離的時機呢？

第一步，了解自己投資的公司。

例如投資前是否經過審慎評估，並且確實了解公司的營運狀況與股價特性是屬於成熟股、穩健成長股還是高速成長股。成熟股的營運穩定，雖然可以支付穩定的股息給股東，但成長性較差，倘若所屬的產業衰退，本業也遭遇逆風影響到公司基本面，那就該思考賣出手中的股票，尋找更穩健的標的。

如果是選擇穩健成長股與高速成長股，股價隨著公司的成長而上漲，就該注意公司的營運策略，投入的資本是否帶來相應的成長，以及成長是否有趨緩的疑慮。如果公司沒有把目標放在擴大市占、增加新的營收來源與鞏固競爭優勢，對成長股來說就是潛在的風險，也是投資人該考慮離開的時候。

第二步，進場前應該先設想失敗的情況，並想好出場機制。

很少投資人在進場前會先想到離場的問題，是因為主觀認定買進公司的股票後，股價會朝著自己預設的方向前進。不過，一個完整的投資決策包含了進場與出場的規畫，在進場前思考可能發生的情況，在行情不如預期時更能理性面對與反應。

如果你是以基本面因素進場，例如公司併購、營收表現良好而買入公司的股票，認為公司會因為合併而產生綜效，或是營運表現會持續下去，當這些基本面因素消失時，例如過高的合併價格導致公司財務負擔加重，或是營運出現非預期的問題，受到競爭對手打壓等狀況時，就該考慮賣出。但如果你是以技術面因素進場，先找到型態上股價的支撐與壓力，在股價的關鍵點位附近設定停損點，如果股價發展不如預期，只要碰到停損價就該出場。

第三步，當股價朝自己預想的方向發展，就要思考何時獲利了結。

股價朝著自己預想的方向走，表示在投資前所做的研究與分析是正確的，這是投資人最喜歡的情境與最理想的狀況，也就是行情正朝著你規畫的方向走，代表獲利開始累積，讓好公司幫你賺錢。同樣地，以基本面因素驅動股價上漲的公司，一旦發生基本面問題（例如營運轉差、成長趨緩等因素），投資人就該評估該公司本質是否已經改變，然後決定是否獲利出場。

而以技術面因素進場的投資人，當短線行情發生重大走勢、突然大幅飆漲時，也應該觀察上漲的動能是否可以維持。就算市場上的投資人持續買入公司的股票，成交量大幅攀升，驅動股價上漲，還是有動能耗盡的時候，如果短線上沒有買盤支撐，出現量價背離的情況，就得搭配技術指標的變化趨勢，考慮出場時機。

用投資將現金轉化爲財富

自二〇〇八年金融危機以來，美股大盤經歷了史上最長的一段牛市，市場的風險意識逐漸降低，到二〇二〇年即便經歷了新冠疫情造成的崩盤，市場也快速做出V形反轉，重新回到上漲軌道，在年底重新創下歷史新高，道瓊工業指數突破三萬點大關，市場行情一片看好。在此榮景下提到「停損」兩個字，投資人通常是不屑一顧，一笑置之。

看好美國經濟長期成長，我認為逢低買入大盤指數的ＥＴＦ、作為長期投資的配置選項絕對是正確的，尤其在貨幣寬鬆的環境下，現金不值錢，唯有投資才能將你的現金轉化為真正的財富，提高你的購買力，讓生活品質愈來愈好。

不過，如果投資人仍有主動選股的部位，而且偏好波動大的成長股操作，停損仍是投資中最重要的觀念，也是必定要確實執行的動作。即便停損十次後，股價最後都漲回來，但只要第十一次發生崩盤，你會發現過去的辛苦都只是為了此刻做準備。將風險降低，保護你的資產避免重大損失，才有辦法讓資產穩健增長，不怕一萬，只怕萬一！

第五部

用生活選股追求穩健報酬

對於想要踏入美股市場的投資人，

除了幾個熟知的企業外，

最簡單的方式就是從生活中發掘投資商機。

不管在順風或逆風，

和生活有關的行業需求都會持續存在。

第15章
生活美股：食
——民以食爲天，新型態飲食契機

在第二部到第四部，主要以選股時應注意的三大面向（產業面、基本面與技術面）進行討論，希望有助於讀者分析個別企業的發展前景、營運表現及股價型態的判讀。

對於想要踏入美股市場的投資人，除了幾個熟知的企業外，還有什麼公司值得投資呢？事實上，最簡單的方式就是從生活中發掘投資商機。本章就從與我們最切身相關的「食」談起，因為即便經濟再不景氣，每個人總是要吃飯，填飽肚子才有力氣迎接未來的挑戰。所以不管在順風或逆風，和吃有關的行業需求都會持續存在。

保持穩定，以現金流爲目標

在美股中，整條食品產業鏈有各式各樣的公司可以投資，包括我們最熟悉的「可口可樂」、「百事公司」（PepsiCo Inc.，美股代號ＰＥＰ），烹飪時必須使用的調味料如「味可美」（McCormick & Company，美股代號ＭＫＣ），或是擁有哈根達斯（Hagen-Dazs）冰淇淋、綠巨人等知名品牌的「通用磨坊」（General Mills，美股代號ＧＩＳ）。這些都是美股中歷史相當悠久的公司，擁有強大的品牌優勢，因此能在市場上長期屹立不搖。

投資人在挑選個股時可以發現，這些公司因為具有下列兩大特性，因此未來能持續帶來穩定的現金流：

一、**營收可預測性**：因為這些公司具有品牌優勢，產品在市場上有一定程度的需求，加上有穩定的現金流進行新產品研發與併購行動，讓公司維持一定程度的成長性。

二、**獲利能力穩定**：規模優勢讓公司的不同產品可以共用產品線，所以即便是在競爭激烈的環境下，也能藉由降低成本與提高生產效率來維持獲利能力。

以可口可樂為例，從財報中可看出，近幾年因為健康意識抬頭，人們對於碳酸飲料的需求下滑，導致營收從二〇一三年開始顯著衰退，平均每年衰退四％，到二〇一九年只剩下約三七三億美元（參表48）。

雖然公司在開源方面遭遇困難，幸好節流措施做得不錯，仍維持頗佳的獲利能力。

表 48　可口可樂 2010 至 2019 財務狀況

	2010	2011	2012	2013	2014	2015	2016	2017	2018	2019
營收（百萬美元）	35,119	46,542	48,017	46,854	45,998	44,294	41,863	35,410	31,856	37,266
毛利率（%）	63.9	60.9	60.3	60.7	61.1	60.5	60.7	62.6	63.1	60.8
營業利潤率（%）	24.1	21.8	22.4	21.8	21.1	19.7	20.6	26.6	30.7	28.3
淨利（百萬美元）	11,809	8,572	9,019	8,584	7,098	7,351	6,527	1,248	6,434	8,920
每股盈餘（美元）	2.53	1.85	1.97	1.9	1.6	1.67	1.49	0.29	1.5	2.07
股息（美元）	0.88	0.94	1.02	1.12	1.22	1.32	1.4	1.48	1.56	1.6
營業現金流（百萬美元）	9,532	9,474	10,645	10,542	10,615	10,528	8,796	7,106	7,627	10,471
資本支出（百萬美元）	-2,215	-2,920	-2,780	-2,550	-2,406	-2,553	-2,262	-1,675	-1,347	-2,054
自由現金流（百萬美元）	7,317	6,554	7,865	7,992	8,209	7,975	6,534	5,431	6,280	8,417
流動比率	1.17	1.05	1.09	1.13	1.02	1.24	1.28	1.34	1.05	0.76
負債比率（%）	32	36	38	41	45	49	52	54	53	50

資料來源：Morningstar／作者整理

從表48的毛利率與營業利潤率可發現，毛利率持續維持在六〇%以上的水準，營業利潤率在最近三年也有顯著提升，至二〇一九年為二八．三%，每股盈餘也從二〇一八年每股一．五美元，成長三八%至每股二．〇七美元，為公司帶來實質的獲利。

另外，公司的現金流相當穩定，營業現金流與自由現金流甚至還有成長，負債比維持在約五〇%，財務體質良好。在這樣的情況下，可口可樂將賺到的錢以股息方式分配給股東，保持五十七年以上股息成長紀錄，絕對稱得上是一家值得長期投資的好公司。

以股息收益為目標的投資人，像可口可樂這樣的績優企業是不錯的選擇，可以根據本益比、殖利率等估值指標來判斷合理的入場價格。以二〇二〇年來看，可口可樂的本益比為二七．九三倍，預估未來本益比為二四．六九倍，相較於過去五年平均本益比四四．九倍，尚處於合理的水準。殖利率為三．〇五%，與過去五年平均殖利率三．二二%差距不大。

聚焦成長，以成長性爲目標

如果想要挑選成長性高的食品股投資，餐飲股會是更好的選擇。現代人因為忙碌而沒太多時間煮飯，只能餐餐當「老外」（三餐老是在外），而速食就成了最方便的選擇。

從二〇〇二到一九年，美國快餐服務業（Quick Service Restaurant, QSR）的年產值從一五九〇億美元成長到二七三〇億美元，預估未來每年將以七．六％的速度繼續成長。

熟知的麥當勞（McDonald's，美股代號ＭＣＤ）、星巴客等現在被稱為穩健成長股的公司，過去也經歷過一段高速成長期。這些餐飲集團成長的主要動力源於市場擴展、收入來源擴大與成本效益提高，使得股價漲勢也很強勁，演變至今成為產業中的領導者。光靠餐廳的營收、品牌授權費就能有穩健的收益入帳，可作為長期投資的選擇之一。

我們可用這些成功的企業為標準，進而研究其他更年輕的餐飲股，就能挖掘出下一個明日之星。接下來以知名墨西哥捲餅連鎖餐廳「Chipotle」（美股代號ＣＭＧ）為例，透過各項分析的演練，幫助你如法炮製找到其他績優企業。

餐飲界的超級成長股：Chipotle

Chipotle 是最近十年美股中的超級成長股，主打自然新鮮、以健康概念為訴求、並且現點現做的墨西哥捲餅為招牌產品。二〇〇六年公開上市，股價從每股四七．五美元上漲到一三四〇美元，漲幅超過二七〇〇％。截至二〇〇八年十二月三十一日，Chipotle 在美國經營了兩千四百五十二家餐廳，有三十七家海外分店與兩家非Chipotle 餐廳。

當然，Chipotle 的股價一路走來並非平步青雲。公司在二〇一五年發生食安風暴，造成股價從最高點每股七五八美元一度下跌至二五〇美元左右，跌幅達七〇%，後續更是接連出包，使得公司面臨巨大危機。

通常，當好公司遇到倒楣事時，反倒是投資人的最佳機會，這時就要了解公司股價的下跌原因、公司本質是否發生改變、有哪些催化劑可讓公司起死回生，並思考需要多久時間來實現。然而在Chipotle 股價大幅下跌的同時，我們該如何判斷這檔股票還具有投資價值？

危機應變

首先，Chipotle 的問題明顯出在「管理」，這必須靠經營者來解決，管理層在事發時的處理態度是相當重要的指標，可以看出有無及時提出改善措施，挽回消費者的信心。

事件發生後，Chipotle 開始積極採取變革行動，包括改善整體環境衛生狀況、更換菜單、開發線上訂餐系統與忠誠客戶計畫，並且實施大幅優惠措施來吸引顧客回流。雖然會對公司的短期獲利造成影響，但留住客戶才是當務之急。

二〇一八年三月，Chipotle 的創辦人史蒂夫・艾爾斯（Steve Ells）因輿論壓力而退位，改由布萊恩・尼可（Brian Niccol）接任執行長，持續推動餐廳改善計畫。自二〇一八年三月以來，股價由谷底反彈，漲了一倍有餘，證明尼可確實做得不錯。

財務狀況

觀察Chipotle十年來的財務報表（參表49），除了二〇一五至一六年因食安風暴而造成營收大幅下滑，其餘時間都保持相當穩健的成長。最近十年營收平均每年成長十四%，每股盈餘平均每年成長十二%。

在未發生食安風暴之前，Chipotle是一家成長性相當優異的公司，每年都有超過二〇%的營收成長率，基本上比許多科技股都優秀。除此之外，公司的獲利能力也相當好，毛利率持續維持在二六至二七%，營業利潤率也維持在十七%左右。食安風暴後，公司努力進行補救，雖然至今獲利能力尚未回到過去的水準，但未來仍有進步的空間。

尤其Chipotle一直以來都沒有負債，現金資產充足，即便遭遇新冠肺炎疫情，也有相當堅實的基礎可以從容度過，股價在二〇二〇年以來上漲超過六〇%。

在觀察餐飲股的財報時，除了營收表現、獲利能力與現金流量外，更重要的是公司提供同店銷售額（same-store sales）的數字變化。由於零售業或餐飲業等擁有實體店面的公司每年都會持續開設新店面，若以目前擁有的總店數計算銷售成長率，會有誤導的嫌疑。但「同店銷售額」只計算至少營運十二個月以上的店面收入，因此更具參考價值，

表 49　Chipotle 於 2010 至 2019 年財報數據

	2010	2011	2012	2013	2014	2015	2016	2017	2018	2019
營收（百萬美元）	1,836	2,270	2,731	3,215	4,108	4,501	3,904	4,476	4,865	5,586
營收年成長率（%）	20.91	23.62	20.34	17.7	27.8	9.57	-13.26	14.65	8.68	14.83
毛利率（%）	26.7	26	27.1	26.6	27.2	26.1	12.8	16.9	18.7	20.5
營業利潤率（%）	15.7	15.7	16.9	16.8	17.5	17.3	1.5	6.3	6.7	8.4
淨利（百萬美元）	179	215	278	327	445	476	23	176	177	350
每股盈餘（美元）	5.64	6.76	8.75	10.47	14.13	15.1	0.77	6.17	6.31	12.38
營業現金流（百萬美元）	289	411	420	529	682	683	349	467	622	722
資本支出（百萬美元）	-113	-151	-197	-200	-253	-257	-259	-217	-287	-334
自由現金流（百萬美元）	176	260	223	329	429	426	90	250	334	388
流動比率	3.3	3.18	2.93	3.34	3.58	2.91	1.85	1.94	1.81	1.61
負債比率（%）	0	0	0	0	0	0	0	0	0	56

資料來源：Morningstar／作者整理

表 50　Chipotle 同店銷售額數據

	2019	2018	2017
營收（百萬美元）	5586.4	4865	4476.4
百分比變化（%）	14.8	8.7	14.6
平均餐廳營收（百萬美元）	2.2	2	1.9
同店銷售成長（%）	11.1	4	6.4

資料來源：Chipotle 公司年報／作者整理

可讓管理層了解既有店面的營運效率，也能藉此評估設立新店面的節奏與預期效益。

Chipotle 在二〇一七、一八年的同店銷售額都有成長，二〇一九年的成長更是高達兩位數，表示原有的店面營運相當良好，帶動整體的營收成長。在這個時候，公司就可以開始規畫開設新店來進行擴張（參表50）。

未來展望

後疫情時代，加速了所有產業的數位轉型，餐飲業也是如此。在新冠肺炎疫情的影響下，許多實體店面被強制關閉，或禁止在室內用餐而改為外帶，卻因此大幅提高了App網路訂餐、顧客忠誠計畫與外送服務的普及程度，讓顧客可以更方便、更快速地享用餐點，並藉由數據分析來提高產品質量與顧客滿意度。

長遠來看，Chipotle 未來的成長性可由兩部分來觀察：

一、**新店開設**：二〇一七、一八年開設新店的速度放緩，著重在內部管理。依公司年報所提，二〇一九年計畫開設一百四十至一百五十五家分店。而海外開店部分，管理層則較保守，認為 Chipotle 產品的口味不適合推向國際店，如此反而可能有損公司的獲利能力

二、**線上訂單系統的發展**：外送訂餐的趨勢逐漸普及，根據 Statista 統計，二〇一九年線上訂餐成交金額達到一九五億美元，二〇二三年將達到二四五億美元。而 Chipotle 的線上訂餐系統做得很早，也做得相當不錯，執行長尼可希望未來三年能將公司從線上訂餐獲得的收入份額提高到五〇％以上。不管是餐點製作效率或消費集點的忠誠計畫，目標在於提升消費者良好的使用體驗，促使他們未來持續消費的可能性。

雖然 Chipotle 的管理層認為自己不適合走向國際，但投資人在關注其他餐飲股時，仍可觀察公司是否有發展網購管道、打造新型態的用餐模式，以及是否拓展海外市場，因為美股中的餐飲股不會只聚焦美國市場，而會以全世界為目標，積極向外展店。

像 Chipotle 這樣具成長性的餐飲股在美股中相當常見，由於美股公司提供的產品與服務皆以全世界為市場，餐飲業又有持續性需求，能靠著持續開發新餐點來吸引不同的顧客群。除了在美國快速展店，也能擴張到海外市場，讓獲利持續成長。若對美國上市的

餐飲股有興趣，可參考其他相關公司，如達美樂（Domino’s Pizza，美股代號DPZ）、達登餐飲（Darden Restaurants，美股代號DRI）、麥當勞（美股代號MCD）、星巴克（美股代號SBUX）與百勝餐飲集團（Yum! Brands，美股代號YUM）。

第16章
生活美股：衣
——健身正夯，運動品牌成爲新時尚

當人類的生活品質不斷提升、平均壽命延長的同時，如何讓自己過得更健康，是每個人追求的目標之一，這也使得健康概念蔚為主流，其中「健身」成為生活中不可或缺的一部分。

在趨勢的發展下，由健身衍伸出來的商機無限，帶動了傳統產業掀起變革。接下來，我將介紹兩家既懂得適應環境的快速改變、又具備創新能力公司，分別是「耐吉」和「Lululemon」（美股代號LULU）。

運動界的不敗霸主：耐吉

耐吉是全世界最大的運動鞋、運動服飾和器材的供應商，旗下除了耐吉，還擁有

Converse、Hurley和Jordan等品牌，透過經銷、專賣店與網路平台將產品銷售至全世界。

雖然享有品牌的競爭優勢，股價卻在二〇一六年遭到重擊，一度下跌超過二〇%。原因在於競爭對手「愛迪達」（Adidas，美股代號ADDY）在產品與行銷上，扭轉了過去運動品牌只有機能性卻沒潮流感的形象，運用獨到的行銷手法，藉由名人和社群網路傳播，將過去曾經輝煌的產品再一次推向流行高峰，使得耐吉的銷售倍感壓力。

不過，話題與流行終究是短期產生的效應，投資人在熱潮過後還是應該回到基本面，檢視公司是否具有堅實的財務基礎、穩定的成長與獲利，這才是長期最該關注的部分。下面三個面向是投資人必須關注的重點：

一、**財務體質**：消費者對品牌的偏好變化相當快速，只要抓對口味，隨時有可能翻身。因此投資人需觀察公司在面對市場變化時，是否仍有充足的資本因應，並透過持續創新來突破逆境。

二、**產業競爭**：零售產業的競爭十分激烈，因此除了流行的敏銳度，新商品的開發與行銷活動的規畫都很重要。以往只強調機能性的運動品牌逐漸走向生活化、時尚化，爭取更大的市場。

三、**景氣循環**：非必須消費品類的支出會因為經濟變化而改變。景氣熱絡時，人們會多消費，對於奢侈品的支出更多；景氣衰退時則會減少支出，使得公司的營收表現受到影響。

財務狀況

檢視耐吉過去五年的財務表現，可以理解公司一直保持著相當穩定的成長步伐，二〇一一到二〇年的平均營收成長率為七％。不過二〇一六年的營收成長率從二〇一五年的一〇．〇八％下滑到五．八％，顯著的下滑幅度嚇壞了投資人，股價也應聲下跌。公司管理層立刻採取應變措施，致力於創新，並改變行銷策略，以年輕人與女性產品市場為目標，同時積極發展網路銷售平台。此舉讓公司的營收又逐漸重返正常軌道，股價也重新振作。

對穩健成長型的公司來說，如何保持獲利能力是最重要的目標。耐吉的品牌優勢，使它在競爭激烈的環境下仍可維持產品售價。加上紡織材料隨著科技而逐漸改良，產品價格跟著上漲，盈銷費用控制在總收入的三成左右，毛利率與營業利潤率即便在營收成長趨緩時也能保持穩定，過去十年的毛利率一直維持在四三至四六％之間，營業利潤率幾乎維持十三％以上，是相當優異的表現。

不僅獲利表現穩定，耐吉的現金流也保持穩健增長趨勢。近幾年由於公司的營運重點放在數位平台的發展，讓資本支出提高，但這對公司未來的營收表現是有幫助的，屬於具有長期效益的投資。在二〇二〇年的新冠疫情中，要不是有線上購物的支援，抵銷了實體店面關閉造成的傷害，公司極有可能面臨更大的虧損。

再加上自由現金流量保持充裕，除了將充沛的現金以股利方式分配給股東，也持續回購庫藏股，減少在外流通的股數。耐吉從二〇〇一年開始每年支付股息給股東，最近十年股息平均每年成長十四％，是具有成長與穩健收息的好公司（參表51）。

競爭對手

耐吉的競爭對手包括愛迪達、Under Armour（美股代號ＵＡ）、Lululemon、安踏體育（股票代號2020.HK）、威富公司（V.F. Corporation，美股代號ＶＦＣ）等品牌。運動服飾品牌的競爭相當激烈，耐吉能夠維持競爭優勢的主要關鍵，在於產品的品質、價格與創新能力，透過「直接面對消費者」（Direct to Customer, DTC）的數據蒐集和分析，掌握市場流行的快速變化，持續提高營運效率與獲利能力。

未來展望

在二〇二〇年的疫情中，全球實體門市幾乎無法營業，營收因此受到重擊。但危機

表 51　耐吉 2011 至 2020 年的財務數據

	2011	2012	2013	2014	2015	2016	2017	2018	2019	2020
營收（百萬美元）	20,862	24,128	25,313	27,799	30,601	32,376	34,350	36,397	39,117	37,403
營收年成長率（%）	9.72	15.66	4.91	9.82	10.08	5.8	6.1	5.96	7.47	-4.38
毛利率（%）	45.6	43.4	43.6	44.8	46	46.2	44.6	43.8	44.7	43.4
營業利潤率（%）	13.5	12.6	12.9	13.2	13.6	13.9	13.8	12.2	12.2	8.3
每股盈餘（美元）	1.1	1.18	1.35	1.49	1.85	2.16	2.51	1.17	2.49	1.6
股息（美元）	0.3	0.35	0.41	0.47	0.54	0.62	0.7	0.78	0.86	0.95
營業現金流（百萬美元）	1,812	1,899	3,027	3,003	4,680	3,096	3,640	4,955	5,903	2,485
資本支出（百萬美元）	-432	-597	-636	-880	-963	-1,143	-1,105	-1,028	-1,119	-1,086
自由現金流（百萬美元）	1,380	1,302	2,391	2,123	3,717	1,953	2,535	3,927	4,784	1,399
流動比率	2.85	2.98	3.47	2.72	2.52	2.8	2.93	2.51	2.1	2.48
負債比率（%）	4	3	8	7	6	10	16	17	15	42

資料來源：Morningstar／作者整理

圖 45　耐吉 2009 至 2019 年「直接面對消費者」收入

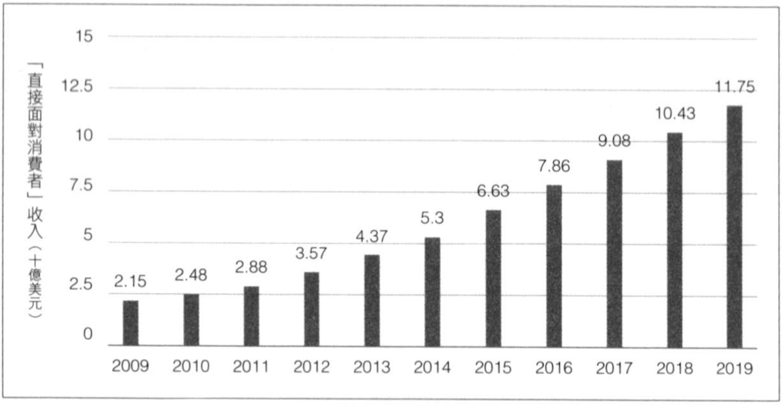

圖片來源：Statista

也是轉機，耐吉藉此推出健身App「Nike Training Club」，在疫情期間下載量超過八百萬次，比二〇一九年增加三倍。耐吉運用App打造與消費者的緊密關係，提高消費者的體驗與忠誠度，對於公司品牌形象大有助益，也幫助公司更加了解用戶需求，打造更好的產品。

除此之外，疫情也使得消費習慣跟著改變，由以往的實體店面轉向網路商店購買，耐吉「直接面對消費者」部門營收連續兩季度成長超過七五%，原本預計在二〇二三年達成線上銷售占總營收比三〇%的目標提早達成，公司也將未來目標提高至五〇%。

圖45是耐吉「直接面對消費者」的收入，可以看出從二〇〇九到一九年呈現穩健成長趨勢，占比已達三〇%。如果未來可以

將線上銷售的占比提升，對耐吉的獲利能力將大有改善。

管理層預估，透過線上銷售產生的收入要比批發銷售產生的收入高出一倍，毛利率更高，讓營業利潤成長兩倍。店租或人力成本下降以及物流妥善管理，都將提升耐吉的毛利率，創造更多的成長機會。

運動界的大成長股：Lululemon

同樣利用數位管道成功打造企業文化、股價大幅飆漲的運動服飾品牌 Lululemon，也是投資人值得關注的公司。

Lululemon 成立於一九八八年，是一間總部位於加拿大的運動服飾製造商。主要商品為瑜伽服飾和配件，在十七個國家共擁有近五百家實體商店，也經營電子商務。公司經營的方式是把瑜伽服飾與配件當做精品，採用少量多樣、價格比他牌貴且幾乎不打折的方式來銷售。

財務狀況

最近十年的營收成長率平均為二四・三％，屬於高速成長公司。公司擁有的品牌優勢，讓產品比同業有更好的定價權，毛利率一直維持在穩定的水準，平均維持在五〇%以上，比同產業中的公司都還高（參表52），營業利潤率與淨利率的表現也相當優異。

二〇一七年以來，雖然零售業的衰退對許多運動品牌造成不小的衝擊，但 Lululemon 的管理層非常優秀，在策略執行和達成度上都有傑出的表現，包括男裝比例的提升與海外市場的發展。公司在二〇二〇年第二季的財報提到，新開設的九家店面中就有四家位於中國市場，亞太市場的實體店面突破一百家，在需求持續上升的情況下，未來仍為主要發展重點。除此之外，二〇二〇年以五億美元併購開發健身鏡的新創公司「Mirror」，也將公司的業務範圍擴展到居家健身市場。

競爭對手

耐吉、愛迪達與 Under Armour 等運動品牌都是 Lululemon 的競爭對手，不同的是，Lululemon 的產品一開始就不依賴經銷商，而是透過品牌專賣店與網站進行銷售，並在品牌專賣店內開設瑜伽課程，培養顧客的品牌忠誠度。由於做出了自己的產品區隔，因此就算瑜伽褲售價超過新台幣三千元，仍讓顧客心甘情願掏錢購買。

表 52　Lululemon 於 2011 至 2020 年財務數據

	2011	2012	2013	2014	2015	2016	2017	2018	2019	2020
營收（百萬美元）	712	1,001	1,370	1,591	1,797	2,061	2,344	2,649	3,288	3,979
營收年成長率（%）	57.14	40.63	36.92	16.11	12.95	14.65	13.78	13	24.13	21.01
毛利率（%）	55.5	56.9	55.7	52.8	50.9	48.4	51.2	52.8	55.2	55.9
營業利潤率（%）	25.6	28.7	27.5	24.6	20.9	17.9	18	18.7	21.5	22.3
淨利（百萬美元）	122	184	271	280	239	266	303	259	484	646
每股盈餘（美元）	0.85	1.27	1.85	1.91	1.66	1.89	2.21	1.9	3.61	4.93
營業現金流（百萬美元）	180	204	280	278	314	299	385	489	743	669
資本支出（百萬美元）	-43	-122	-93	-106	-120	-143	-150	-158	-226	-283
自由現金流（百萬美元）	137	81	187	172	195	155	236	331	517	386
流動比率	4.56	5.1	5.9	8.31	5.95	4.07	4.82	4.91	2.86	2.91
負債比率（%）	0	0	0	0	0	0	0	0	0	148

資料來源：Morningstar／作者整理

未來展望

秉持不僅是賣商品，而是賣一種熱愛瑜伽的生活方式，Lululemon 成功樹立了獨特的品牌文化，也吸引了一群死忠的消費者，包括未來的消費主力Z世代對品牌的認同度極高，可帶動未來的銷售成長。

除此之外，Lululemon 會加快進軍國際市場的腳步，而亞洲市場是未來的發展主力，二〇一九年在亞洲地區開設了二十四家新店面，高於北美的十九家，國際市場的營收比二〇一八年成長了三二%，也高於北美市場的二〇%，成長潛力值得期待。

相對於台股公司較缺乏國際品牌的公司，反而更多的是為國際品牌代工的公司，雖然擁有優秀的技術與經營管理能力，卻無法讓股價有爆發性的成長。反觀美股，許多知名的國際品牌股價長期趨勢向上，在企業進行數位轉型的過程中，更讓傳統大廠的股價重新注入活力，激勵股價創下歷史新高，是台股所不能及的。若對美國上市的運動股有興趣，可參考其他相關公司，如 Skechers（美股代號ＳＫＸ）、Under Armour（美股代號ＵＡ）、Ralph Lauren（美股代號ＲＬ）、V.F. Corporation（美股代號ＶＦＸ）與 Foot Locker（美股代號ＦＬ）。

第17章

生活美股：住

——不用買房也有產，另類居住投資學

不管是租房還是買房，或是維護住家品質所花費的成本，「住」是每個人的人生中最大筆消費，也是無法避免的消費支出。投資與「住」有關的概念股，不僅能讓我們賺進不錯的報酬，還能藉此補貼居住方面的消費支出。

而在美股中，除了投資與住宅相關的零售類股，包括全球最大的家飾品與建材零售商，不動產證券化市場發展得相當完備，涵蓋各種產業，包括零售、住宅、辦公室，甚至在數位化時代必備的數據中心都有相關標的可投資，兼具成長與穩定收息的特性。

全球最大家飾建材零售商：家得寶

家得寶（Home Depot，美股代號ＨＤ）成立於一九七八年，是全球最大的家飾品與

建材零售商，在全球擁有兩千三百家分店，有超過四萬件的商品可供選擇，包括建築材料、家庭裝修、裝飾品與草坪等居家布置商品，也有提供安裝服務與設備的租賃。只要與家居有關的業務，家得寶都可以提供一條龍的服務。

消費者若想自己DIY裝修房屋，可以在家得寶的實體商店或網站購物。但除了零售商的身分，家得寶也擁有許多專業的承包商客戶，行業涵蓋教育、醫療、政府與辦公大樓。公司透過「Home Depot Pro」計畫與客戶聯繫，提供更好的服務，並額外提供融資服務來提高客戶的消費意願與忠誠度。

二〇一七年，家得寶開始積極進行數位轉型，發展全通路銷售服務，開發線上購物系統，將線上結合線下實體商店，為客戶帶來更優質的消費體驗。直到二〇一九年底，網站的活躍帳戶已經突破一六七〇萬人。原本就擁有規模優勢的家得寶，再加上數位服務發展而成功擴大客戶數量，不僅為消費者創造更大的價值，也為股價揭開新一波的成長軌道，最近三年的股價上漲將近一倍。

財務狀況

觀察家得寶最近十年的營收表現（參表53），從二〇一一年的六七九・九七億美元，成長至二〇二〇年的一一〇二・二五億美元，平均成長率為五・二三％，屬於成熟

表 53　家得寶 2011 至 2020 年財務數據

	2011	2012	2013	2014	2015	2016	2017	2018	2019	2020
營收（百萬美元）	67,997	70,395	74,754	78,812	83,176	88,519	94,595	100,904	108,203	110,225
營收年成長率（%）	2.75	3.53	6.19	5.43	5.54	6.42	6.86	6.67	7.23	1.87
毛利率（%）	34.3	34.5	34.6	34.8	34.8	34.2	34.2	34	34.3	34.1
營業利潤率（%）	8.6	9.5	10.4	11.6	12.6	13.3	14.2	14.5	14.6	14.4
淨利（百萬美元）	3,338	3,883	4,535	5,385	6,345	7,009	7,957	8,630	11,121	11,242
每股盈餘（美元）	2.01	2.47	3	3.76	4.71	5.46	6.45	7.29	9.73	10.25
股息（美元）	0.94	1.04	1.16	1.56	1.88	2.36	2.76	3.56	4.12	5.44
營業現金流（百萬美元）	4,585	6,651	6,975	7,628	8,242	9,373	9,783	12,031	13,038	13,723
資本支出（百萬美元）	-1,096	-1,221	-1,312	-1,389	-1,442	-1,503	-1,621	-1,897	-2,442	-2,678
自由現金流（百萬美元）	3,489	5,430	5,663	6,239	6,800	7,870	8,162	10,134	10,596	11,045
流動比率	1.33	1.55	1.34	1.42	1.36	1.36	1.25	1.17	1.11	1.08
負債比率（%）	24	27	26	36	43	51	55	61	66	73

資料來源：Morningstar／作者整理

股的類型。雖然營收沒有太耀眼的表現，卻維持著相當優異的獲利能力，毛利率一直維持在三四％左右，十年來如一日，展現超強的成本控管能力，營業利潤率也逐年成長，顯示公司的營運愈來愈有效率，才能在零售產業中保持領先地位。

穩定增長的獲利為公司帶來充沛的現金流，家得寶的股息從二〇一一年每股配發一．〇一美元，到二〇二〇年已經成長至每股五．四四美元，最近十年的股息平均每年成長率為二〇．七％，相當適合作為長期投資的標的。

競爭對手

目前在美股市場中能與家得寶相抗衡的，就是另一家居家修繕類股「勞氏公司」（Lowe's，美股代號ＬＯＷ），股價同樣維持長期向上的趨勢。不過以近幾年的表現來看，家得寶在營運表現、財務狀況都優於勞氏公司，在未來的成長性上，我認為家得寶也更具有優勢。

把家得寶與競爭對手勞氏公司的股價進行比較，雖然兩者股價表現差異不大，勞氏公司的主要客戶是想要動手ＤＩＹ裝修房子的人，家得寶的客戶則主要針對專業的承包商，因此消費金額會更高，營收成長速度也更快。在線上購物平台的發展上，家得寶的發展也比勞氏公司快，營運效率與獲利能力優於對手。最後，根據美國銀行的統計數據，每一千個千禧世代消費者中，有六四%更喜歡家得寶而非勞氏公司。年輕人是未來的主要消費族群，這也讓家得寶的未來更具成長性。

未來展望

由於家得寶的業績與房市的好壞呈現正相關，在房市熱絡時，消費者對於居家修繕的需求也會提高，房市降溫時，對居家修繕的需求則會降低，所以「景氣好壞」與「消費者支出」的變化對於家得寶的業績有較大影響。雖然二〇二〇年因為疫情而使得許多實體店面暫停營業，但令人意外的是，民眾也因為宅在家沒事情做而開始進行居家修繕，加上家得寶線上消費使用率的成長，減緩了對家得寶的業績衝擊。

以長期角度來看，根據統計，二〇一九年美國家庭房屋修繕產值約四千億美元，預計到二〇二三年會成長超過四千五百億美元，其中家得寶的銷售額預估可達一千億美元，占總產值的四分之一。

二〇一五到一九年，平均每位房屋持有人每年花費在房屋修繕的金額從三二八八美元成長到九〇八一美元。因此，即便家得寶的營業因疫情受到影響，未來仍可維持穩定成長的步伐。

坐享租金收入的房地產股票：不動產投資信託（REITs）

許多人因為投資房地產而致富，但投資房地產所需花費的成本太高，不是每個人都負擔得起。在美股中，小資族不用實際去購買房地產，把現金全壓在流動性差的房地產上，可以選擇更多元、更具成長潛力的「不動產投資信託」（Real Estate Investment Trusts, REITs），既具成長性，又能享受股價上漲的獲利，還可以穩穩領現金流。

所謂「不動產投資信託」，就是透過不動產證券化，在公開市場上進行交易，讓投資人用一檔證券，就可以投資持有持續產生收益的不動產公司，或是向客戶提供融資服務而獲取收入的公司，藉此獲利。

根據擁有的物業類型與公司收入來源，常見的REITs有下列兩種：

一、**權益型**（Equity REITs）：投資權益型REITs就像包租公／婆的角色，擁有不動產的產權，主要收入來自於出租不動產收取的租金，公司也會隨著不動產的增值而獲利。

二、**抵押型**（Mortgage REITs）：投資抵押型的REITs類似金融業的角色，不直接持有房地產，而是向不動產的開發商貸款或投資不動產抵押證券，賺取利息與資本利得。

投資人在買入REITs之前，應該先了解產品的特性、不同類型的公司在營運上的差異與可能面對的風險，才有辦法挑選出最適合自己的標的。

另外，REITs雖然具備固定收益證券的性質，但也與股票和ETF相同，配息需預扣三〇%的股息稅。投資人在挑選REITs時，不僅需要注意殖利率，也應該考量該產業未來的成長性，跟著公司的成長一起獲利。接下來針對挑選REITs應考量的優缺點進行討論，讓讀者可以更深入了解這個商品。

投資REITs的優點

除了擁有穩定的現金流收益，投資REITs還有許多其他的優勢，幫助投資人更快累積財富。貨幣寬鬆時代推升資產價格高速上漲，而REITs就是主要的受惠族群之一，也因此在過去二十五年的總回報率高於標普五百的指數報酬，也優於其他固定收益證券。

一、**選擇多元**：根據美國全國不動產投資信託協會（Nareit）的分類，目前可以投資的REITs行業包括辦公室、住宅、倉庫、商場、健康照護、數據中心、無線通信基礎設施和度假酒店，範圍廣，選擇性多。

二、**流動性佳**：REITs是在集中市場掛牌交易，與股票交易方式相同，因此流動性與變現性都比直接投資不動產還要好，投資門檻也較低，一般投資人皆可參與。

三、**配息優勢**：由於REITs的收入來自於穩定的租約，依照政府法規，REITs必須將九〇%的應稅收入分配給股東，因此投資REITs可以獲得的股息也比一般股票多，長期下來，超過五〇%以上的收益都來自於股息的現金流收入。

四、**抵抗通膨**：租約通常會保護REITs的收益不受通貨膨脹影響，每年跟著調漲租金，REITs的配息通常可以超過通貨膨脹率。

五、**資產配置**：不動產投資是美國第三大資產類別，波動度雖高於債市，卻低於科技股、小型股與新興市場股價指數，波動幅度則與全球股市相當。顯示REITs在一定的風險程度下，有創造穩定成長報酬的特質，是相當適合作為資產配置的工具之一。

投資REITs的風險

當然，任何投資商品都有潛在的風險因子，即便是REITs這類長期上漲的標的，也會因為短期市場變化而有劇烈波動。預先認識可能面臨的風險，讓投資人在風險來臨時處變不驚，甚至在REITs下跌至合理價格時加碼買進，就能創造更多的現金流收入。

一、**景氣變化**：REITs的價格波動會受到景氣的影響。當景氣衰退時，房地產的需求便下降，REITs的價格也會應聲下跌。因此在選擇REITs時，可以考慮物業具有持續性穩定、租約較長的標的來投資。

二、**利率變動**：利率的波動也會影響REITs。利率上升時通常不利於整體股市上漲，導致REITs的股價跟著下跌。另外，抵押型REITs對於利率波動的敏感程度更大，會直接影響公司的獲利能力。

三、**過度集中**：單一類別的REITs將資金集中投資在某一物業上，當該產業遭遇逆風時，REITs的價格波動也就更大。如商業房地產近幾年先是受到電商崛起的打擊，又面臨新冠肺炎疫情擴散的衝擊，將許多REITs的股價打入谷底。

四、**成長較慢**：REITs必須將九〇%的應稅所得以紅利進行分配，投資人雖然拿到了配息，但公司能再投資的資金就變少，在沒有採取其他方式募集額外資金的情況下，也限制了公司的成長性。

五、**負債過高**：當REITs為了擴張而以舉債融資的方式籌措資金時，須注意公司的負債比率最好低於五〇%，避免因為突發狀況而引發流動性風險，導致無法營運而破產。

美國市值前十大REITs

在選擇REITs作為投資標的時，應該先評估公司營運的產業屬性，是否具有持續性、可以穩定營運並擁有發展前景的產業。舉例來說，在線上購物逐漸普及的情況下，過去占地面積廣大的購物中心在現在的需求就降低了，投資於商場的REITs也大受影響，於是股價下跌。

而受惠於網際網路，包括5G產業、雲端產業的發展，許多科技公司需要場地放置伺服器，使得營運數據中心的REITs股價成長性比其他REITs高。投資人也可以選擇具持續性需求產業的REITs，例如健康照護中心與公用事業的REITs，就是可以考慮的標的。

目前美國市值前十大的REITs（參表54）中，大多數也與電信和數據中心相關，市值最高的「美國電塔」（American Tower，美股代號AMT）就是經營無線通訊的基地台業務、全美市占率最高的不動產信託公司，其最大的客戶是美國主要電信商AT&T，也因此可以持續獲得穩定的收入。

在表54中排名第四的Equinix（美股代號EQIX），是全球最大的數據中心營運商，在全球各地提供數據中心主機託管、互聯服務與基礎設施的管理服務，科技進步帶動大數據、AI人工智能與雲端產業的趨勢發展。除了科技公司以外，所有行業都將面臨數位轉型而將原本的業務線上化，大型科技巨頭提供管理數據的服務，但這些數據需要靠數據中心來維護，也因此讓這些公司的業務高速成長。而由於數據中心深具規模優勢，在該產業中，我也相當看好數據中心託管商排名第二的Digital Realty Trust（美股代號

表 54 美國市值前十大 REITs

股票代號	公司名稱	產業	股價	近五年平均營收成長率	殖利率
AMT	美國電塔 American Tower	電信	230.14	11.7%	1.7%
CCI	冠城國際 Crown Castle International	電信	152.36	5.2%	3.04%
PLD	普洛斯 Prologis	工業	87.12	7%	2.48%
EQIX	Equinix	數據中心	655.48	2%	1.57%
SPG	賽門房地產 Simon Property Group	零售 （商場）	55.67	3.2%	15.01%
PSA	大眾倉儲 Public Storage	自助倉儲	183.92	5.2%	4.35%
WELL	Welltower	健康照顧	45.75	3.3%	7.03%
EQR	公平住屋信託 Equity Residential	住宅	58.93	-0.4%	3.89%
AVB	艾芙隆海灣社區 Avalonbay Communities	住宅	155.83	5.6%	3.94%
SBAC	SBA 通信 SBA Communications	電信	283.75	8.1%	0.43%

資料來源：Finviz／作者整理

ＤＬＲ），下面將對該公司做深入介紹。

５Ｇ高速發展，數據中心領先受惠：Digital Realty Trust

Digital Realty Trust（美股代號ＤＬＲ）成立於二〇〇四年，是全球領先的數據中心營運商，提供主機託管和互聯解決方案，在全世界包括美國、歐洲、亞洲、加拿大與澳洲等二十二個國家，擁有兩百八十四個營運數據中心設施，總租賃面積達四千三百二十萬平方英尺，服務的客戶遍及雲端服務、社交網路、電信，金融、製造等不同行業，其中臉書是最大的客戶，占租金總額的六．八％，其餘包括甲骨文、字母公司與ＩＢＭ等也都是公司的客戶。

基於科技進步，雲端服務快速發展，５Ｇ、物聯網（IoT）、製造業、醫療保健、遊戲和自動駕駛汽車等，都將繼續帶動對於數據中心的需求。尤其是５Ｇ商用的加速，會直接驅動無線發射塔和數據中心提供商的規模。試想我們在瀏覽網站時，使用社交媒體的習慣已經從過去的文字逐漸轉向以影音為主流，而這些媒體檔案所需的流量更大，存放在雲端需要可靠的環境來進行管理，因此對數據中心的需求大幅提高。

Digital Realty Trust 是產業趨勢發展下的受惠者之一，股價自二〇〇四年公開上市以來，平均每年為投資人帶來二二%的報酬率，優於標普五百的指數報酬，在未來仍有相當不錯的發展空間。

財務狀況

觀察 Digital Realty Trust 的財報紀錄（參表55），呈現穩定增長的趨勢，營收自二〇一〇年的八・六五億美元，到了二〇一九年已達三二・〇九億美元，平均每年成長十八%以上。原本就已處在產業順風期，二〇二〇年疫情的影響提高了居家辦公的需求，在第二、三季的財報中，營收都比去年同期成長超過二〇%，包括遠距會議、網路購物與社交媒體的使用量更大，使企業對於數據中心的需求提高，對公司的業務大有助益。

再檢視 Digital Realty Trust 的獲利能力，由於房地產行業的財務操作方式與一般企業不同，一般公司是扣除營運費用與折舊後，以淨利數字評估公司的獲利表現，但 REITs 不需要，因為房地產與大多數的固定成本（工廠或設備）不同，價值減損的幅度較小，所以通常會採用「營運現金流」（funds fom operations, FFO）❻來衡量公司的獲利穩定性。

❻營運現金流是衡量 REITs 的重要指標之一，由於房地產在財務報表中需按一定的年限折舊和攤銷，計算時會將折舊費用加回淨利中，再扣除出售房地產等一次性收入金額，呈現其真實價值。

表 55 Digital Realty 於 2010 至 2019 年財務數據

	2010	2011	2012	2013	2014	2015	2016	2017	2018	2019
營收（百萬美元）	865	1,063	1,279	1,482	1,616	1,763	2,142	2,458	3,046	3,209
營收年成長率（%）	35.83	22.8	20.36	15.89	9.05	9.09	21.49	14.74	23.95	5.34
毛利率（%）	65.8	64.2	64.7	63.2	63.2	63.6	64.4	64	64.3	62.8
營業利潤率（%）	28	28.6	29.5	26.1	23.4	21.3	24.2	22.6	19.5	19.6
淨利（百萬美元）	102	156	210	314	200	297	426	248	331	580
每股營運現金流（美元）	3	3.74	4.13	4.24	4.36	4.7	4.47	4.36	4.69	4.78
股息（美元）	2.02	2.72	2.92	3.12	3.32	3.4	3.52	3.72	4.04	4.32
流動比率	0.94	0.97	0.18	0.19	0.25	0.25	0.24	0.25	0.14	0.42
負債比率（%）	53	48	49	52	49	52	48	40	47	47

資料來源：Morningstar／作者整理

Digital Realty Trust的每股營運現金流自二〇一〇年的三美元，成長至二〇一九年已達到四・七八美元，每年平均成長五%。在擁有穩定現金流入、營收與獲利持續成長的情況下，公司必須將獲利分配給股東，使得Digital Realty的股息也維持連續十五年穩定成長，從二〇一〇年每股配息二・〇二美元，到二〇一九年每股配發四・三二美元，最近十年的股息平均每年成長九・一%。

競爭對手

目前美股中上市的營運數據中心的REITs共有五家，包括Equinix、Digital Realty、CoreSite（美股代號COR）、QTS Realty Trust（美股代號QTS）與CyrusOne（美股代號CONE），其中Equinix與Digital Realty分別為產業市占第一與第二大的領導者，數據中心數量多且覆蓋範圍廣，是其他競爭對手難以超越的競爭優勢。

未來展望

根據Research and Markets的統計，全球數據中心託管的市場規模將在二〇二〇到二四年間增長三三〇・九億美元，平均每年的成長率達十二%。大型數據中心營運商的成長，主要是透過持續購買資產與併購策略來擴大營運範圍，擁有更龐大的規模優勢來鞏固未來營收的持續性與穩定性。

Digital Realty 在最近幾年也一直積極進行併購與建立合作夥伴，二〇二〇年第一季以八十四美元的價格收購歐洲數據中心營運商 Interxion，之前曾以高價收購巴西數據中心營運商 Ascenty 與同業 DuPont Fabros Technology（美股代號DFT），二〇二一年在香港的數據中心也即將完成，將有助於加強國際市場的地位與鞏固競爭優勢。

由於觸角延伸到世界各地，也讓大型租戶更願意與 Digital Realty 簽訂長期租約。這類數據中心託管 REITs 的租約通常較長，租戶轉換與退租的機率較低，簽訂之後搬遷的機率也低，讓公司的營收穩定成長。不管是從產業的基本面或分析企業體質，都可以看出 Digital Realty 是一家能夠持續維持成長的公司。

若對美國上市的住房股有興趣，可參考其他相關公司與ETF，如 Wayfair（美股代號W）、RH（美股代號RH）、Vanguard 房地產ETF（美股代號VNQ）、iShares 美國房地產指數ETF（美股代號IYR）與 SPDR 標普房屋建商ETF（美股代號XHB）。

第18章 生活美股：行

——汽車業新戰局，角逐新能源商機

生活股中「行」的部分，包含了過去的傳統汽車行業、汽車修繕零售等公司，這些公司過去曾是輝煌一時的成長股，例如通用汽車與福特汽車（Ford Motor Company，美股代號F），卻因為科技創新帶來的產業變遷開始衰退，正努力轉型成為未來的轉機股。

接下來會以目前新興產業的公司做介紹，包括新能源車與共享汽車，讓讀者理解一個舊時代產業被顛覆需要的條件，以及在研究這些公司時需要注意的關鍵數據，找到未來產業中的領導者。

一年上漲七〇〇%的飆股：特斯拉

汽車行業正在產生新的變革，特斯拉（美股代號TSLA）的崛起宣告電動車時代正式來臨，成為所有車廠未來的研發主力、兵家必爭之地。除了電動車產業的蓬勃發展，無人機、無人車與共享經濟也因為科技的進步而逐漸發展成熟，投資人應先做足準備，把握未來的趨勢。

成立於二〇〇三年的特斯拉，總部位於美國加州，致力於生產電動車、推廣電動車市場的發展，以及銷售太陽能板，是一間垂直整合永續能源的公司。

由於創辦人伊隆·馬斯克（Elon Musk）的獨特領導魅力，加上公司所掌握的技術優勢，對於特斯拉的行銷大有助益，所生產的 Model 3 持續保持在最暢銷電動車排行榜的榜首，訂單與營收持續成長。在特斯拉坐穩電動車市場的領導位置，且證明公司的商業模式可以獲利後，也讓許多新創公司加入市場，帶領產業進入高速增長的階段。

財務表現

在評估這類型公司時，必須關注公司的營收成長，包括車價以及交付數量化的影響。汽車業屬於重資產產業，需要高額的資本支出，因此資產運作效率的狀況是評估的指標之一，運作效率愈高，獲利能力也就愈好。此外，還需關注經濟環境的變化，當景氣不好時，汽車這類耐久財的需求就會下降，進而影響到營收表現。

特斯拉電動車的營收自二〇一〇年的一·一七億，成長至二〇一九年已達二四五·

七八億，平均每年成長超過七〇％，是相當驚人的數字。不過由於汽車產業是重資本支出的行業，所需的投資與人力支出皆相當龐大，也導致特斯拉過去幾年一直無法盈利，現金流呈現燒錢的狀態（參表56）。

不過這樣的情況在二〇二〇年開始扭轉。觀察特斯拉汽車的交付數量，由於生產線逐步架設穩定，生產效率提高，產量自從二〇一八年起顯著增長，即使遇到二〇二〇年的疫情，交付數量也不受影響。在二〇二〇年第三季的財報中，特斯拉的汽車總產量比前一年成長七六％，交付數量較去年同期成長五四％，公司已經連續五個季度盈利。二〇二〇年十二月確定被納入標普五百指數的成分股，成為指數中市值第六大公司。

競爭對手

特斯拉雖然是電動車的領導廠商，但在市場發展潛力仍相當大的情況下，自然吸引眾家車廠投入資源研發與電動車的生產，包括通用、福特、保時捷（Porsche）等傳統車廠都相繼加入市場，推出新型電動車款。在競爭日益激烈的情況下，特斯拉不得不採取降價策略來搶奪市占，以至於好不容易穩定的獲利能力可能再度陷入危機，投資人在買入公司股票前，可以從近幾季毛利率與營業利潤率的變化來判斷。

表 56　特斯拉 2010 至 2019 年財務數據

	2010	2011	2012	2013	2014	2015	2016	2017	2018	2019
營收（百萬美元）	117	204	413	2,013	3,198	4,046	7,000	11,759	21,461	24,578
營收年成長率（%）	4.29	74.95	102.34	387.23	58.85	26.5	73.01	67.98	82.51	14.52
毛利率（%）	26.3	30.2	7.3	22.7	27.6	22.8	22.8	18.9	18.8	16.6
營業利潤率（%）	-125.8	-123.1	-95.4	-3	-5.8	-17.7	-9.5	-13.9	-1.2	0.3
淨利（百萬美元）	-154	-254	-396	-74	-294	-889	-675	-1,961	-976	-862
每股盈餘（美元）	-0.6	-0.51	-0.73	-0.12	-0.47	-1.38	-0.94	-2.37	-1.14	-0.98
營業現金流（百萬美元）	-128	-114	-266	258	-57	-524	-124	-61	2,098	2,405
資本支出（百萬美元）	-40	-198	-239	-264	-970	-1,635	-1,440	-4,081	-2,320	-1,437
自由現金流（百萬美元）	-168	-312	-505	-6	-1,027	-2,159	-1,564	-4,142	-222	968
流動比率	2.76	1.95	0.97	1.88	1.52	0.99	1.07	0.86	0.83	1.13
負債比率（%）	19	39	42	25	43	36	38	42	47	42

資料來源：Morningstar／作者整理

未來展望

電動車產業目前正處於高速發展階段，根據統計，從二〇一九到二六年，全世界的電動車市場規模預計成長五倍之多，在二〇二六年將達到五六七〇億美元的市場規模，年複合成長率為十五．六%。特斯拉自詡為能源公司，積極研發再生能源技術，包括電動車必備的電池技術，在公司的電動車市場份額為世界第一、占比達十八%且持續成長的情況下，正行駛在寬廣的產業賽道上。

目前特斯拉提供的車型包括銷售最好的 Model 3、Model S/X 與 Model Y，銷量比起過去都有顯著成長，公司在加州費利蒙與上海的超級工廠產能持續增加，預計在柏林和德州的工廠開業後可帶來更高的產量，順利交付並提振營收。

而最具成長潛力的，莫過於特斯拉自動駕駛技術的實現。由於特斯拉擁有大量的內部技術，隨著硬體與軟體的結合，更多數據的蒐集讓整個系統可以變得更聰明也更強大，成為特斯拉獨有的競爭優勢，讓對手在這個部分難以超越，也讓市場對特斯拉的股價可以有更高的期待。

共享經濟獨角獸：Uber

Uber（美股代號UBER）創立於二〇〇九年，來自創辦人加勒特・坎普（Garrett Camp）與特拉維斯・卡蘭尼克（Travis Kalanick）在大雪中招不到計程車而產生的構想，打造出透過手機軟體媒合司機與乘客的共乘軟體，成為一間共享經濟公司，翻轉了原本的計程車業。

全世界正處於從擁有汽車轉向運輸及服務（Transportation-as-a-Service, TaaS）的新商業模式，快速發展的進程受到投資市場矚目。二〇一九年公開上市時。Uber的服務已經遍及全世界六十三個國家，擁有超過一・一億名用戶，每季的載運次數超過十億次。除此之外，Uber在二〇一四年推出餐點外送（UberEats）服務，二〇一七年推出卡車貨運（Uber Freight），並致力於研發自駕車和城市空運服務等未來科技。

財務狀況

Uber的營收自二〇一七年的七九・三二億美元，到二〇一九年營收已達到一四〇億美元，平均每年成長五〇％以上，仍處於相當高速的發展趨勢。公司的主要營收來源分為三個部分，乘車服務占總營收的七六％，餐點外送占總營收十八％，貨運服務占總營

表57　Uber於2017至2019年財務數據

	2017	2018	2019
營收（百萬美元）	7,932	11,270	14,147
營收年成長率（%）	106.29	42.08	25.53
毛利率（%）	47.6	50.1	49
營業利潤率（%）	-51.4	-26.9	-60.8
淨利（百萬美元）	-4,033	997	-8,506
每股盈餘（美元）	-2.76	-	-6.81
營業現金流（百萬美元）	-1,418	-1,541	-4,321
資本支出（百萬美元）	-829	-558	-588
自由現金流（百萬美元）	-2,247	-2,099	-4,909
流動比率	1.78	1.63	2.47
負債比率（%）	21	29	24

資料來源：Morningstar／作者整理

收五%（參表57）。

由於產業競爭激烈，還有來自各地區市場的監管壓力，使得公司有營收成長趨緩的問題，股價在二〇一九年公開上市後表現疲弱。再加上二〇二〇年的疫情影響，對公司無異是一記重擊，租車業務總預訂量比前一年同期大幅衰退，平台的活躍用戶數大幅減少，股價也跌破公開發行價。

對共享經濟來說，最重要的是先建立網絡效應，擴展市占率是當前最重要的目標。檢視Uber的獲利情況，毛利率在最近幾年平均約為四七%，但由於產業處於高速發展階段，不管是行銷廣告、人事管理或研究開發的費用持續擴大，公司仍在不斷燒錢。看起來目前現金仍足以支應日常營運，若虧損金額持續擴大，面對突發性意外時承受風險的能力不足，難保不會發生危機。

競爭對手

Lyft（美股代號ＬＹＦＴ）是Uber在共享汽車行業的主要競爭者。在美國市場中，Uber的市占率高達七一％，遠高於Lyft的二九％。另外，Uber還有一個優勢就是它已經擴展到國際市場，Lyft則局限於美國市場，因此Uber的營收來源更為廣泛。

至於外送餐點服務的主要競爭者，包括了Grubhub（美股代號ＧＲＵＢ）、DoorDash和Postmates。Uber在二〇二〇年七月宣布收購其中一間競爭對手Postmates，對提升市占率大有助益，晉升為美國市占第二的外送服務平台。此外，還與許多企業進行合作，推出雜貨送貨服務，藉以擴占公司的營收來源，鞏固市場地位。

未來展望

二〇二〇年由於疫情關係，Uber的乘車服務在短期內受到巨大影響，外送餐點服務卻逆勢成長，創下佳績。雖然Uber仍在虧損中，但現任執行長多拉・霍斯勞沙希（Dara Khosrowshahi）在財報會議上提出，以燒錢驅動成長的時代已經過去，未來Uber應該專注在能獲利的市場上、維持營運，並在二〇二一年底實現盈利目標。就這樣的營運策略來看，對公司的影響相當正面。

公司現階段採取的策略包括擴展利潤率較高的Uber Eats，整合超過五十萬家餐廳，並推出Uber Connect的送貨服務、汽車租賃服務Uber Rent和寵物運輸服務Uber Pet，透過多元化的業務來擴展營收與提高用戶的參與度。

投資Uber這類型公司，評估的主要重點在於未來發展前景。預估共享汽車行業到二〇二一年的市場規模，將比二〇二〇年成長五〇%。疫情的影響是短期的，重點是疫情後公司能否回到正常的營運軌道。而共享汽車行業發展已經成熟，Uber是行業中的領導者，將觸角由乘車服務延伸至相關產業，形成規模效應，在監管法規的問題逐漸排解之後，對於公司的股價仍然可以樂觀看待。

若對美國上市的汽車股有興趣，可參考其他相關公司，如Lyft（美股代號ＬＹＦＴ）、Grubhub（美股代號ＧＲＵＢ）、Nio（美股代號ＮＩＯ）、AutoZone（美股代號ＡＺＯ）等公司。

第19章

打造最適合的投資組合

在了解美股中的趨勢產業以及各類公司的分析方式後，回到本書一開始提到的問題：該如何將這些資產進行篩選與配置，打造一個穩健成長的投資組合？接下來就從最基本的資產配置開始，幫助你循序漸進地打造個人化的投資組合。

了解自己，才能做好資產配置

什麼是資產配置？就是將資金配置到多元資產類別，彼此之間的走勢呈現相反情況，具有負相關性，然後藉由不同標的的組合達到降低整體投資風險的目的。在這個過程中包含三個重要元素，分別是「時間」、「分散配置」與「風險承受能力」，投資人選擇投資標的時，也應該盡可能降低交易成本，並定期將投資組合調整回一開始設定的比例，這個過程稱為「再平衡」。

投資標的中可選擇的主要資產包括現金、股票、債券與不動產，如果投資組合過度集中在某個特定資產，當資產價格大幅波動時就會影響投資人的情緒，結果提早離開市場而錯失應得的利潤，這是多數投資人長期投資時最常面臨的重大阻礙。由於我們無法預測短期內會繼續上漲或下跌，因此要以獲取穩健合理的報酬為目標，規畫一個長期的投資計畫，時間才會變成你的朋友！

在開始資產配置之前，先問自己下面幾個問題：

一、你有多少時間可以花在投資研究上？

首先問自己有多少時間可以理解一個產業，深入去研究公司，來規畫你的投資組合。一般投資人由於有本業收入，投資是增加額外財富的工具，如果希望在擁有工作的同時，透過儲蓄與投資來累積更多的退休金，讓老年的生活品質更好，可以選擇ＥＴＦ作為主要配置。但是選擇做一位主動投資人，則一定需要有更多時間來投入，了解景氣的循環、盤勢的變化及個別公司的營運動向，才能做出最好的判斷。

二、你能夠承受的損失有多大？

風險承受度決定了我們的投資風格，以及應該配置在哪一種類型的資產上。積極型投資人會將更多資產配置在風險較高的資產，以獲取更高的報酬；保守型投資人則會將風險降低，提高波動較小的資產比重，追求持續且穩定的收益。

此外，進行資產配置是為了讓投資人在長期下獲得滿意的報酬，但短期內仍有可能碰到虧損狀態，因此投入到市場的資金必須是短期內不會動用到的，如此才有辦法長期持有，避免突發狀況導致被迫停損出場，無法達到累積資產的目標。

三、你的長期目標是什麼？

年齡決定了我們的投資期限。人一生中的每個階段都會有不同的優先選擇，投資目標也會跟著改變。試想一位正值壯年的投資人和一位屆臨退休的投資人，他們的投資組合怎麼會一樣呢？年輕人趁著還有高生產力的優勢，可以賺取更多的勞動收入，同時試著提高自己的投資風險承受度，打造更積極的投資組合；而年紀漸長的人重視穩定增值，將重心轉往現金流的組合。

資產配置並不是一個固定公式，而是依照每個人不同的情況，包括年齡、資金規模與風險承受度等因素，綜合評估之後找到最適合自己的比例。因此進行投資之前，應該先了解自己的投資風格、目標報酬率與風險承受度，才有辦法打造出最適合的投資組合。

股債配置比例

最基本的資產配置，就是將資金分成「股票」與「債券」兩個部分。股票是風險性較高的資產，因此能獲得的報酬自然比固定收益型的債券商品更高。但債券的「固定收益」特性，使得它面對風險加大時具有保護作用，例如發生金融海嘯、疾病傳布、恐怖攻擊等無法預期的事件時，債券的價格會因為資金湧入而升高。

有趣的是，當市場一片樂觀時，沒人會想到風險，更不會被債券的低報酬率所吸引，而放棄令人垂涎的高風險、高報酬資產。既然風險無法預期與避免，我們在風平浪靜時就應該先做準備，時時保有風險意識，並實踐在自己的投資決策裡。

投資台股時，由於台灣的避險工具較不盛行，選擇性也較少，所以往往無法達到最有效的資產配置。但美股中可以藉由債券ＥＴＦ的配置來避險，包括政府公債ＥＴＦ與綜合債券ＥＴＦ。有些投資人會配置高收益債券（俗稱「垃圾債」），不過高收益債券的性質其實更像股票，而且有高度的違約風險，不適合作為固定收益與避險資產。

既然基本的資產配置有「股票」與「債券」兩部分，那麼我們應該如何分配比例呢？根據不同類型的投資人，以下有三種股債配置（參圖46）：

圖 46　各種類型投資人的股債配置比例

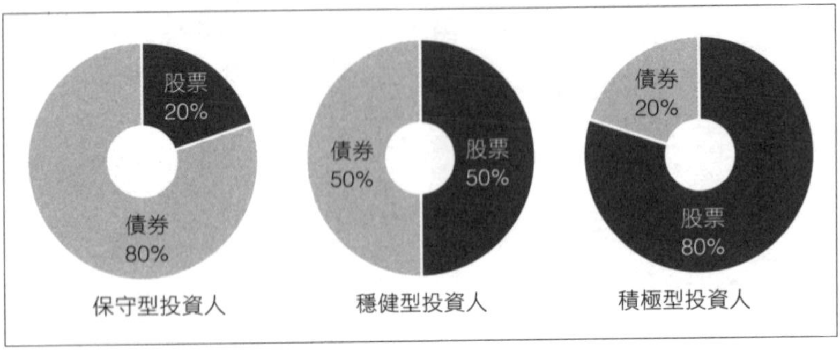

一、**保守型投資人：股票二〇%，債券八〇%。**

保守型投資人通常將投資組合中很大一部分的占比配置在債券資產上，以保護本金，獲取穩定的現金流為目標。

二、**穩健型投資人：股票五〇%，債券五〇%。**

由於穩健型投資人希望資產能夠穩定增長，因而願意承擔適度的風險，以保護通貨膨脹帶來的影響，他們會以尋找優質且能支付股息的證券資產為主要目標。

三、**積極型投資人：股票八〇%，債券二〇%。**

積極型投資人允許資產價值有劇烈的波動，他們以資產能快速增值為目標，挑選具有爆發性成長潛力的股票，藉此獲取比市場平均值更高的超額報酬。

由於本書以主動選股為主，接下來就以積極型投資人為例（即希望長期以高效率的方式獲取報酬、累積資產，更快達到財務目標），結合前面介紹過的內容，建構一個積極成長的投資組合。

圖 47　積極型投資人的股債配置比例

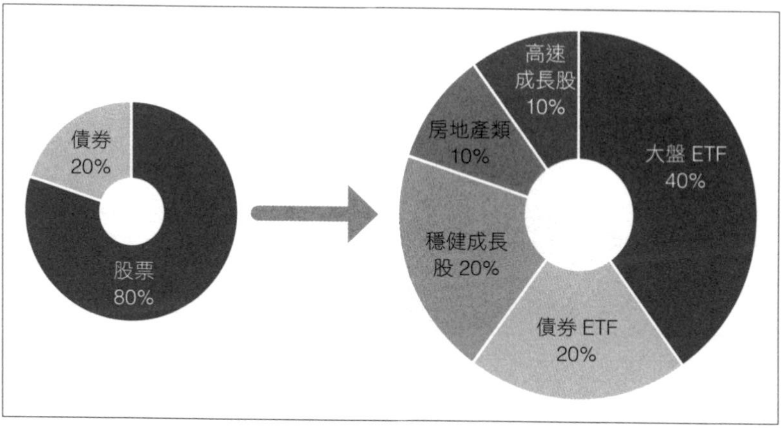

股債配置

如前面所述，積極型投資人的股票配置占八〇%，債券占二〇%，因此在這八〇%的比例中，建議大盤ETF至少配置四〇%以上，而剩餘四〇%可依投資人對市況的研究、產業的觀察與個股的分析，配置在看好的標的上（參圖47）。

至於我自己則以主動選股為主，投資組合中有四〇%為大盤ETF，包括「SPDR標普五百指數ETF」（美股代號SPY）與「Invesco那斯達克一百指數ETF」（美股代號QQQ），另外四〇%則配置在趨勢產業的ETF、穩健成長股、房地產類（REITs）與高速成長股。

趨勢產業ETF包括當前高速發展中的

圖 48　財女 Jenny 的投資組合

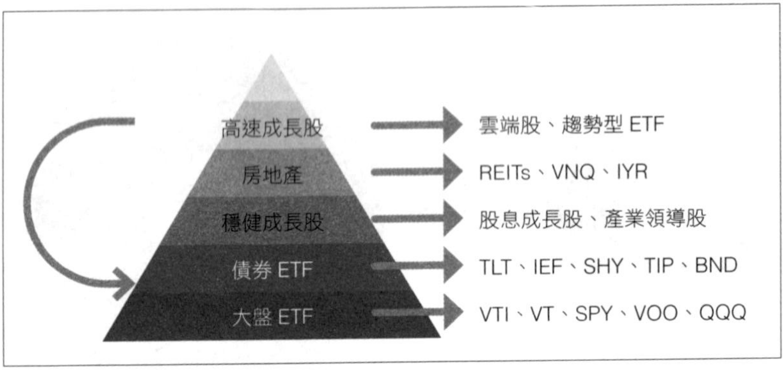

金融科技、電子商務與電動車概念，在美股中有相當多標的可選擇，而穩健成長股則以公司營運穩定、財務體質良好的股息成長股或 REITs 為主，最後再搭配股價波動大的高速成長股或技術型態面有突破的公司，作為短期收益來源。

我的目標是打造一個長期正向循環的投資組合（參圖 48）。

在這個組合中，我將具有現金流入帳的資產再投資，並將短期操作的獲利再投入到這些穩健增長的標的上，讓資產可以更快速累積。累積資產的方式有以下兩種，讀者可參考並進行操作：

一、**定期定額**：即固定將收入的一定比例，以定期定額的方式投入到市場，進行股債配置，追求長期穩健的增長。根據過去歷史的紀錄，自一九二六年以來，股票八〇％加債券二〇％的積極型投資組合每年可創造九．四%的平均報酬率，優於保守型和穩健型的投資組合，原因就在於政府政策與持續的生產力創新，推升資產價格上升，股市持續走高，長期的表現優於債市。這也是為什麼現今的投資人一定要投資的理由，因為長期投資能讓我們在上市公司賺取的利潤中分一杯羹。

二、**正向投資組合循環：**除了定期定額，還可以將固定收益證券、有支付股息的標的再進行投資，包括股息成長股與REITs，使用券商提供的股息再投資計畫（Dividend Reinvestment Program, DRIP），將配發的股息自動再買入公司的股票。目前有許多美股券商提供了股息再投資計畫是不收手續費，更可以節省成本，長時間累積複利效果。除此之外，成長股的波段操作在獲利了結後也要再投入到市場中，讓這些獲利帶來更高的價值。我通常會把短期的獲利分為兩部分，其中一部分等待其他好機會便積極出手，另一部分則投入到大盤指數，為這些資金尋求長期的坡道，持續地滾雪球，讓雪球愈滾愈大。

如同巴菲特所說：「人生就像滾雪球，你只要找到溼的雪和很長的坡道，雪球就會愈滾愈大。」人生的每一件事都是經驗的累積，而投資也是經驗的累積，幫助我們在過程中愈來愈順，愈快達到自己想要的目標。

第六部

用正確心態讓投資長長久久

重視風險，避免重大的錯誤，

比承受風險、賺取誘人報酬更重要。

每位投資人在市場上都有可能犯錯而造成投資虧損，

但犯錯並不可怕，在可接受的損失之下，

重要的是能否在每一次的錯誤中及時發現、

檢討、反饋與修正，因為市場永遠會給我們重新振作的機會。

第20章

專屬自己的投資哲學，成爲紀律投資者

進入投資市場超過十五年，一路的心得讓我深刻體悟到價值投資大師查理・蒙格（Charlie Munger）的一句話：「如果知道我會死在那裡，那我將永遠不去那個地方。」重視風險，避免重大的錯誤，比承受風險、賺取誘人報酬更重要，因為最毒的毒藥往往包在最絢爛的糖衣之下，等到發現時為時已晚。

每位投資人在市場上都有可能犯錯而造成投資虧損，包括我自己，但犯錯並不可怕，在可接受的損失之下，重要的是能否在每一次的錯誤中及時發現、檢討、反饋與修正，因為市場永遠會給我們重新振作的機會。

化理解爲個人獨特的投資邏輯

投資最怕人云亦云，投資人最容易犯的錯誤，就是在大盤熱絡、市場一片看好的情況下，對於沒有研究過的公司，只是看到股價上漲就衝進市場追價，結果剛好接在最高點，損失慘重。而有經驗的投資人處在市場中，也不免被市場氛圍所影響，違反原先設定的投資原則，買入被高估的股票。

巴菲特曾說過：「想要達到穩健的投資，必須仰賴知識的累積與理性的選擇。」知識是你對於自己投資的公司蒐集了多少資訊，對這些資訊進行整理、分析與邏輯推導，列出所有可能的情境與結果，把這個過程轉化為腦中的智慧，並藉由實際操作來得到經驗與成果。理性則是避免從眾心理，培養獨立思考的能力。在面對投資這件事情時，投資人應該擁有一個健康的心態，設定合理的目標，不隨群眾起舞，也不一窩蜂地追逐熱門標的。當結果不如預期，應該願意坦誠接受失敗，反思問題的核心來進行修正，持續地精進對危機的應變方式與對市場的理解。

建立一套完整的投資邏輯，可以藉由下列四個面向來思考：

一、**理解經濟運行的規律：**目前處在景氣循環與信用週期的哪個位置。
二、**理解資本市場的運行：**市場的規則與其他參與者的行為呈現出什麼樣的氛圍。
三、**理解這個行業或公司：**產業趨勢是否正在成長，以及公司基本面是否穩健。
四、**理解自己：**我適合什麼樣的方法做研究和投資。

藉由回答上面四個問題來建構自己的知識與理性，思考對投資真正重要的因素，整合出一套投資邏輯與操作系統，保持耐心與堅守原則，不要為股票付出過高的價格，但當價格跌到合理價位時要毫不猶豫地買進。雖然投資人無法預測市場的變化，卻可以先做好萬全準備，等待機會降臨。

不過，我認為最重要的其實是最後一個問題，也就是投資人到底夠不夠了解自己能成為哪一種投資人、採用什麼樣的策略。一個人的投資方式反映了他的生活態度，如果用了不適合的方法，便沒辦法有紀律地執行決策，更不要說靠這個方法在市場上長期獲利。在還不了解自己之前，最好的方式就是學習前人的智慧，從模仿開始。

最好的學習從模仿開始

成為一位紀律的投資者需要時間與經驗的累積，最好的學習都是從模仿開始，不管你是投資新手或在股海打滾已久的老手，勇於摸索新事物、持續培養閱讀的習慣、積極蒐集資訊，並將資訊篩選與整理成知識，再串聯成智慧，就變成邏輯推理的最佳工具，幫助你更理性地做出投資決策。

在這個階段，最好的模仿對象就是成功投資者，願意提供他們寶貴的市場經驗，幫助你更快進入狀況，找到最適合自己的投資方法，並選出最合適的投資標的。投資美股可以學習的對象很多，美國許多投資大師與避險基金皆有出版書籍或公開的資料與論文可以參考，投資人可透過眾多管道汲取這些寶貴的研究。

我剛開始投資時雖然接觸的是技術分析，但直到閱讀了葛拉漢與大衛．陶德（David L. Dodd）所撰寫的《證券分析》（*Security Analysis*）以及巴菲特的相關書籍，才開始真正將投資這件事系統化，懂得辨別好公司的特徵。《證券分析》中對於真正的價值投資哲學定義、如何評價資產與企業的價值、辨識股價的安全邊際、衡量風險與報酬之間的關係等重要觀念，都是我後續投資決策上依循的原則，影響相當深遠。

後來又讀了馬克．米奈爾維尼（Mark Minervini）的《超級績效》（*Trade like a Stock Market Wizard*）與威廉．歐尼爾（William J. O'Neil）的《笑傲股市》（*How to Make Money in Stocks*），這兩本書著重於技術分析的探討，也讓我的操作方式開始將基本面結合技術分析，藉以判斷成長股的股價發展趨勢。一家公司的股價上漲不僅有基本面的支撐，更重要的是市場上資金的流向，才是推升股價上漲的最大動能。如果只是一味地依賴估值指標，往往會陷入數字的盲點，錯失了更多獲利的機會。

最後，當投資人擁有知識與方法後，最重要的則是心法，也就是正確心態的培養。我們要謙虛地面對市場，將實際操作的成果轉化為經驗，持續反饋來增強自己的能力。

想要培養投資上的正確心態，我也相當推薦幾本書籍可以參考。第一本是麥可．莫布新（Michael J. Mauboussin）撰寫的《魔球投資學》（*More than You Know*），作者把股市視為一個複雜的適應系統，想在市場中生存，就得以跨學科的視角來看投資，學習簡化複雜的問題，以冷靜的態度接受我們不能預測的事，並勇敢預測我們能預測的事。

其次是美國經濟學家、二〇一七年諾貝爾經濟學獎得主理查・塞勒（Richard H. Thaler）的《不當行為》（*Misbehaving*）與羅伯特・席勒（Robert James Shiller）的《非理性繁榮》（*Irrational Exuberance*），這兩本都是行為經濟學必讀的經典書籍，作者從經濟理論的角度切入，並加入對人類行為的研究，藉由了解群眾互動所產生的影響來強化理論如何轉化為現實，驅動市場的變化，找到可辨識的循環週期。

不僅是經濟學、心理學書籍，還可以閱讀商業傳記、科技趨勢等不同類型的書籍。透過大量的閱讀，將每個階段接收的知識融會貫通，找到最適合自己的進出場策略，持續穩定地在市場中獲利。

建構自己的投資策略

很多人都希望建構一個投資模型來進行每一筆交易決策，但是要建構自己的投資策略，必須從多方面來進行評估，就好像設定一個程式，在程式中加入諸多參數，摒除外部干擾來確實執行指令。

所以，你的投資模型應帶入的參數包括資金規模、風險承受度、交易風格等，唯有找出適合的投資流程與目標，才有辦法規畫達成的方法，並從每一次的決策中得到反饋與修正。

一般投資人的投資決策也不是靠隨機猜測來擬定的，而是藉由經驗找到支持股價上漲的相關因素，買入符合條件的股票。在建構出初步的投資模型後，要知道一個完美的投資模型並不會保證每一筆都會賺錢，而是在大量交易筆數之下獲得一個穩定的獲利結果。而要有這樣的獲利，必須考慮下列幾個因素：

一、本金

你有多少本金可以投資？這筆資金是閒錢嗎？是否會有任何狀況導致這筆資金需要提領出來？如果這筆資金對你的生活會造成重大影響，建議還是不要把錢投入股市，因為股市的漲跌是隨機波動的，一旦市場開始下跌，你的資產也會貶值。

本金的規模也是相當重要的問題。資產少的投資人跟著大戶進出市場卻總是賺不到錢，原因在於大資金與小資金的操作方式其實完全不同。如果是資金規模大的投資人，在操作上會更著重於穩健增長，資金進出市場的頻率也會更低，避免對價格波動造成過大的影響，試想如果你是巴菲特，著重的當然是現金流的收益更勝於短期的資本利得吧。而資金規模小的投資人，雖然缺點是對價格的影響力微不足道，跟著大戶投資時，如果沒有考慮時間成本，在價格上漲之前眼巴巴等股價上漲，資金的運用反而相當沒效率；反過來思考，小資金的的優點是更適合靈活的操作方式，例如更短期的波段投資，或是操作市值比較小的股票也不用擔心流動性的問題，讓本金可以發揮更大的價值。

二、報酬

你希望在多久時間內創造多少報酬？根據設定的目標來反推年化報酬率，是幫助你擬定策略的最好方式。

舉例來說，許多人最常採用「七二法則」，也就是將七十二除以投資報酬率，計算出讓資產翻倍需要多少年的時間。假設報酬率為一〇%，七十二除以十得到七．二，表示資產翻倍需要七．二年的時間。又或是規畫未來退休之後每年可以領取的現金流，許多人會用「四%法則」來計算，也就是考慮到退休後每年所需的生活支出，將一年的花費除以四%來計算需要的資產規模，如果預計退休後年需花費一百萬元，則退休金就應該高於兩千五百萬元（1,000,000÷4% ＝ 25,000,000）。

最後還有一種專職交易者，追求的是絕對報酬，而不只是超越大盤的相對報酬，他們必須花費更多時間與精力在投資上，才能創造出更優異的績效以符合所付出的總成本。

三、風險

唯有了解自己的個性，才能知道對投資的風險承受度有多高，思考每一筆可虧損的金額是多少，然後決定資金配置狀況。

市場上對於風險的定義有很多，但我認為價值投資大師霍華・馬克思（Howard Marks）提出的定義最貼切：「真正的風險是本金蒙受損失的風險。而投資人的工作就是為了獲利而聰明地承擔風險。」

由於風險無法完全消除，但可以先對風險做足準備，像是找到負相關性的資產、將資金分散投資，或設定停損點來控制損失，降低面對危機發生時的威脅與打擊。當我們愈了解風險，就愈能掌握自己的投資組合。我總是在電腦旁貼著一句話：「低買高賣，大賺小賠。」提醒自己不要讓情緒因子擾亂投資決策，因為「風險極小化，獲利極大化」永遠是投資市場中的常勝法則。

四、風險報酬比

「風險報酬比」是在擬定投資策略中相當重要的關鍵因素。許多投資人願意接受小額的獲利，卻不願接受小額的虧損，讓虧損部位持續擴大，造成難以挽救的結果。想要獲得超額報酬，不能只看眼前的獲利而忽略了風險。因此，我們必須根據自己對投資標的的研究，評估未來潛在上漲與可能下跌的幅度，思考現在是否位於合理的投資價格。

巴菲特曾說：「不要指望股票賣出好價格，而是只要買進價格合理，即使賣出價格普通也能為你帶來好績效。」以價值投資理論來看，估算出一家公司的內在價值，在價格低於價值時買進公司的股票，留下足夠的安全邊際，就是在限制投資人的風險，並盡可能放大期望獲得的報酬值。

而在技術分析的領域，風險控管是絕對不能忽視的部分。第四部曾討論過股價型態的支撐與壓力位置，這些可代表一家公司股價的關鍵點位，判斷股價的趨勢是否得以延續或顯示即將反轉的訊號。一旦股價朝著非預期的方向前進，就必須及時停損，等待更好的進場機會。

我在規畫資金配置時，通常是將資金進行較平均的分配，部位的規模以每筆資金的最大虧損不超過總資金的二至五％來設定，嚴設停損機制，讓獲利持續奔跑，我認為這才是累積資產的最好方式。

假設與推論

在決定是否要投資一家公司之前，投資前必須先進行完整的調查，了解該公司的經營狀況、獲利表現以及管理階層等是否良好。

投資人可以不斷提出問題，靠自己對公司的認知來回答，就會發現過程中搜尋資料的精準度也會大幅提升。舉例來說，一家具有轉機題材、營運狀況逐漸改善、轉虧為盈的公司可能就會衍生出下列的問題：

- **問：**為什麼上一季發生虧損？
  答：產品銷量未達預期。
- **問：**為什麼產品銷量未達預期？
  答：因為不受消費者青睞。
- **問：**為什麼不受消費者青睞？
  答：因為公司沒有做足充分的市場調查、產品設計不符合消費者需求、行銷方式錯誤。
- **問：**那要怎麼解決？
  答：端視公司目前提出的調整方案為何。
- **問：**這種現象是一時的還是永久的？
  答：要判斷公司股價是否被低估，未來是否有可能重新振作。

回答完這些問題後，對公司未來的展望也會有清楚的藍圖，自然能進行合理的估值與設定買進的價格區間。

檢討與反饋

每一次的投資決策都是彼此獨立的，單筆投資的正確或錯誤都有原因，想要更精進自己的投資能力，最好的方式就是為每一筆投資決策製作紀錄，對自己的投資負責。

投資決策的重要性往往被投資人忽略，認為只要有券商提供的對帳單、關注帳面上的損益就是在做投資了，但製作交易紀錄才是提升投資績效的關鍵。投資人應記錄下每一筆投資進出場的原因，計算交易的勝率、獲利的總金額，在後續的檢討中釐清盲點，不要犯下重複的錯誤。最重要的是，交易紀錄可以讓我們複製成功模式，千萬不要相信自己的記憶，而要靠交易紀錄幫我們養成執行紀律的習慣。

紀律執行策略

投資最難的部分不是判斷出最好的投資策略，而是維持長期的觀點，在市場的高峰或低谷都堅守原則。在建構了自己專屬的投資模型後，影響我們是否可持續獲利的最大因素，不是已經擁有了最完美的投資方式，而是擁有正確的投資心態。

價值投資人葛林布雷說：「一個方法之所以有用，是因為它不是一直有用，甚至經常沒用。堅持到底地使用這套方法，市場終究有一天會站到你這邊！」很多時候，其實我們已經有了好的方法，但方法總有失靈的時候，這時如果無法保持耐心，轉而投向自己不熟悉的領域，最後就會把獲利又吐了回去。

在投資的過程中也是，如果你是一位短線交易者，有時會發現自己獲利了結的股票又上漲了一倍，這時並不需要覺得後悔，因為你原本設定在行情的發展中進行一段特定區間的操作，目標是否確實達成才是關鍵的。如果你是一位長線投資人，也有可能在短期賺取到不錯的報酬時，因為預期未來會有更高的獲利空間，最後卻損失了原本曾經擁有的帳上獲利。每一筆投資不一定都會帶來預期的結果，但投資人仍必須堅守原則，有紀律地進出市場。

本章主要討論的主題，是一個專業投資人養成的必經過程。其實最重要的是認識自己，透過認清自己在市場中的位置，清楚掌握自身的優勢，定期檢視投資流程，記下每筆投資決策的動機與結果，並思考什麼樣的投資策略可以發揮優勢。除此之外，投資人必須願意接受失敗，因為這是發現錯誤與防止重蹈覆轍的最佳方式，也唯有面對不完美的自己，才會發現持續進步的空間，獲得滿意的投資報酬，並持續存活在市場中。

第21章
建立正確投資心態，克服心理偏誤

在投資這條路上，決定投資成敗的關鍵就是心態。近幾年來，由於行為經濟學的興起，挑戰傳統經濟學理論中關於「人都是理性」的假設，讓我們知道人的決策不是只關乎於訴諸理性，而與情緒因素相輔相成。

投資市場也是經濟學的延伸，股市會上漲或下跌，由市場裡所有投資人的行為所決定，在我們做這些決策時，往往會受到心理偏誤影響而無法保持理性。誠實面對這些問題，了解人性的慾望、貪婪和恐懼如何影響我們的心理，幫助我們做出更好的投資決策。所以，在前一章中一直強調要有紀律地進出市場，將自己的投資流程標準化，幫助我們在擬定投資決策時對抗人性本身的心理偏誤。以下是一般投資人面對投資行為時容易產生的心理偏誤，讀者不妨自我檢視。

確認偏誤，欺騙你的往往是自己

行為經濟學中有個理論叫做「稟賦效應」（endowment effect），由經濟學家塞勒提出，這個理論是指人們對自己持有的東西特別重視，覺得它格外有價值，並給予很高的評價。我們對於想要投資的股票，往往也有類似的情況。

投資人在研究一家公司是否值得投資時，一定是認為該公司具有發展前景，先給了正面的主觀評價後才著手深入基本面。但如果開始研究後，卻只顧著尋找證明自己當初假設沒錯的證據，就好像開始和股票談戀愛一樣，這時只看得見優點，整個人陷入確認偏誤當中。等到真正買入之後才是惡夢的開始。忽視反面意見，對投資人來說相當危險。我們不該總是問自己「為什麼該買這家公司的股票」，而該問自己「為什麼不該買公司的股票」，如果真的想不到答案，這才表示你真的應該買它！

另外，已經持有公司股票的投資人，也常受到確認偏誤的影響而蒙受損失。買入後只看公司好的一面，卻未持續追蹤公司變化。當警訊發生時未及時處理，說服自己困境終將過去，股價終會止跌回升，最後看著手上的淨值愈變愈少，因受不了而砍在低點。

在持有股票的過程中，持續觀察市場與公司營運、依據新資訊來調整對公司的看法是相當重要的，例如這些新進消息對公司的影響是輕微或嚴重、是短期或長期，或者是否已經違反當初買進的條件。如果當初買入的理由已經不存在，果斷出場是最好的選擇。

短視近利，最終蒙受損失

有個成語叫「短視近利」，說的是人們只看重眼前好處而忽略長遠影響，因此總會做出後悔的決定。如果經營者是短視近利的人，對公司的未來絕對很危機，因為他會為了自身的利益與聲望，把公司的資源配置在錯誤的位置，導致營運不善，股價應聲下跌。而投資人在進行投資決策時，也應該以長期的思維去思考公司的價值，如果只重視眼前所見，除了做出錯誤判斷，也會因此蒙受損失。

在韋斯利．格雷（Wesley R. Gray）和杜白．卡萊爾（Tobias E. Carlisle）合著的《計量價值的勝率》（*Quantitative Value*）就描寫了這樣的例子。二〇〇〇至二〇〇九年間，CGM聚焦基金（Focus Fund）是美國表現最好的基金之一，每年為投資人創造了十八．二％的報酬率，比其他基金的平均報酬率高出三．四％。按理說，持有這支基金的投資人應該都獲利豐富才對，但實際上的平均報酬是負十一％。

為什麼會這樣？就是因為投資人在市場上總是只看短期表現，卻沒有長期的思維，導致一有大幅波動就追高殺低，結果該賺到的獲利沒賺到，該離開的時候卻衝進市場。

而我們在研判一家公司是否值得投資時，也應該用一個長期的思維來評估公司的發展。比爾・蓋茲（Nill Gates）曾說：「我們總是高估未來兩年會發生的改變，低估了未來十年將發生的改變。」套用在投資市場上，意思是我們總是高估現在市場上熱門股未來的發展，卻忽略了正在默默耕耘、伺機轉型與調整體質後重新振作的冷門股。這些公司可能仍處於企業生命週期的初始期，或是在邁入穩定後尋找第二曲線，重新開創成長，由於兩個狀況都具有極高不確定性，使得股價當下受到壓抑，其實它們在未來有可能才是市場中的主角，等待時間證明自己的價值。

損失規避，讓你愈虧愈多

心理學中的「損失規避」（loss aversion），是指人們在面對同樣的獲利和損失時，比起獲利帶來的愉悅感，損失帶來的痛苦是前者的兩倍。在面對投資決策時也是如此，投資人通常手上的賺錢股票，只要稍微回檔就急著獲利了結，深怕晚一步就來不及賣，結果錯失了後面一大段的漲幅，但是當手上的股票虧損時，卻遲遲不願意認賠賣出，因為他們認為只要沒賣掉虧損部位，就不是真正的虧損，想要等股價反彈，卻只看見帳上的損失金額愈來愈大。

討厭損失，是所有市場投資人的共識，沒有人做投資是想虧錢的，但陷入損失厭惡的心理偏誤，卻常常讓人愈虧愈多。這是因為當投資人手上持股一直下跌時，多數人選擇去接下跌的飛刀，認為只要一直攤平成本、不賣出股票，一旦股價反彈就能很快獲利。

不過，要知道在股價下跌的過程中，損失的不只是金錢而已，還有在股票被套牢時損耗的時間成本，如果這段時間出現了其他好的機會，手上卻沒有現金可以利用，一來一往的損失更大。要避免損失規避造成的傷害，還是得回歸到心態控制，做出違反人類本能的行動──停損。

我經常提醒自己：做好停損，讓獲利持續奔跑。股價的上漲代表市場對公司有一致的共識，看好公司的未來前景，才會持續買入公司的股票。而股價下跌通常也事出有因，等到問題確定發生時才停損，反而容易砍在最低點。

過度樂觀，泡泡愈吹愈大

在諾貝爾經濟學獎得主席勒的《非理性繁榮》一書中，提到市場泡沫是怎麼形成的，也就是當看到股市持續上漲、所有人都對未來感到樂觀時，就會吸引更多人加入市場來推升投機行情，最後又因為信心喪失而崩盤。

我們要如何判斷現在的市場是否已進入泡沫階段？席勒提出了「週期調整本益比」（Cyclically Adjusted Price to Earnings Ratio, CAPE），這是利用過去十年的通貨膨脹調整與企業盈餘水準的關係，來反映股票市場目前的估值水準。

知名避險基金公司「AQR資本管理公司」（AQR Capital Management）在二〇一七年提出一篇論文，其以六十年的週期調整本益比平均值為標準，當低於此數值時買入股票，高於此數值時則減少股票部位，轉而增加現金部位。不過從一九〇〇到二〇一五年，使用這個策略的績效並沒有比「買入持有策略」（buy and hold）要好多少。

根據歷史資料顯示，週期調整本益比自一九五〇年起便呈現上升趨勢，所以很多時間的股價看起來都是被高估的，導致使用這個策略的人大多數時間都過於保守，無法賺到應得的利潤。

由上述看來，我們都太相信自己所知道的事，並認為這就是事情的全貌，但真相其實是「你所知道的事遠比你以為自己所知道的事還少得多」。過度樂觀與過度自信，會造成對未來有錯誤預期與不切實際的目標，最後承擔過高的風險而不自知。

要知道，市場具有多樣性與多變性，面對行情的走勢，沒人可以準確預測，但是當市場氛圍來到高潮時，投資人便應該提高警覺，如同逆勢投資大師約翰·坦伯頓（John Templeton）所說：「多頭市場在悲觀中誕生，在懷疑中成長，在樂觀中成熟，在興高采烈中死亡。」

心理帳戶，落入陷阱而不自知

最後一種常見的投資心理偏誤，是經濟學家塞勒提出的「心理帳戶」（Mental Accounting）學說，主要在探討人們如何思考金錢，並做出經濟決策。舉例來說，如果你今天花了三百元買了電影票，到了電影院門口卻發現電影票不見了，你是否會願意重新買一張呢？多數人的答案是不會，因為這樣等於花了兩倍的錢去看一場電影。但是若情境改變，你沒有先買好電影票，而是走到電影院時，發現原本放在口袋裡要買票的三百元不見了，但打開皮夾還有一張千元大鈔，你是否仍會買票看電影呢？多數人的答案是會，這就是心理帳戶的影響。

「心理帳戶」是指人們在做決策時，會在心裡設定幾個不同的帳戶，把這些帳戶分門別類地進行管理，彼此之間都是獨立的。例如同樣是買票看電影，但由於我們把買票的錢和皮夾裡的錢分別放在不同的帳戶，導致做出不一樣的決策。

雖然將帳戶分門別類進行管理有時是好事，但套用在投資決策上，可能就會落入陷阱而不自知。「賭場盈利效應」（House money effect）是心理帳戶偏誤的代表，我認為這也是投資市場中十分常見卻常被忽略的偏誤之一。概念是這樣的：一個因為一兩次成功而致富的人，重要的是他能否守住財富，而不是像賭徒一樣，即便在賭場時有獲利，最後也是口袋空空地走出賭場大門。這是因為賭徒往往陷入一個「莊家的錢」陷阱，把贏來的錢視為莊家的錢，同時將自己的本金與賺來的錢分開，於是原本保守的心態就會因為額外的獲利而改變，開始下更大注，承受更高風險，所以很快地又把錢還給賭場。

股市熱絡時也是如此。因為價格上漲而獲利豐厚，會讓投資人持續加碼買進已經漲多的熱門股，忽略了當價格已被哄抬、大幅超出應有的合理估值時所伴隨的風險，導致在行情突然反轉時不知所措。因此，唯有保持客觀態度，冷靜面對市場，做好規畫與紀律執行，才能避免落入投資陷阱，讓資產穩健成長。

了解價格，才是決定報酬的關鍵

人們在投資中的情緒，推動我們行為背後的力量，通常是一件事物在觀念上的可信度，而非合理性。也就是當我們具有強烈的信念為基礎時，常常會受到許多不可避免的心理偏誤影響，包含個人與集體的行動，主導金融市場中的普遍氛圍，誘使我們做出不理性的行為，導致錯誤的判斷。

舉例來說，我們常聽到想要高報酬就得承受高風險，這句話就過去的統計數據來看，卻是與事實相違背的。實際上回測過去的長期報酬，價值股的長期表現優於成長股，所需承受的風險卻低於成長股。然而在貨幣寬鬆、資產大幅升值的牛市裡，更多的錢反而是去追逐沒有實際獲利的高成長股，將估值推高到無法想像的程度。

了解價格，才是決定報酬率的關鍵。投資人可以靠波段操作股票，看好企業的未來展望，願意為成長支付更高價格，預測股市的行為來獲利。或是靠發現被低估的股票，確認下方需承受的風險低於上方潛在的獲利空間，在價格低於安全邊際時買進，在高於公平價值時賣出而獲利。兩種方法的成功因素都是價格，一旦我們對於一檔股票的評價錯誤，或對企業成長創造的獲利預期失準，導致買入成本太高，都可能造成本金損失。

為了避免後悔，除了分散投資組合、降低個別資產對於整體報酬的劇烈影響，資產配置中常提到的「再平衡」，也是採取同樣的思維。定期調整投資組合↓賣出市場追捧的資產↓買進冷門的類別↓定期調整投資組合↓賣出市場追捧的資產↓買進冷門的類別……在長期之下，均值回歸的現象會重複發生，這樣的「再平衡」法則可以讓資產不會受到市場大幅波動的影響，賺取高於市場平均報酬的豐厚獲利。

這也是本書提到諸多方法的結合，在不同時期將資金配置在最高效的地方，將個別決策的結果進行累積，發揮複利力量，使整體財富穩健增長，創造滿意的長期績效。

結語

最好的投資方法，就是最適合自己的投資方式

「JC財經觀點」粉絲團在一個偶然的情況下，成立於二〇一六年九月，想要將自己所閱讀的財經商管書籍和美股市場投資經驗分享給每一位讀者，在分享過程中認識更多對閱讀與投資有興趣的朋友，一起切磋討論，創造更多價值。

所幸我和先生一直堅持初衷，沒有改變當時許下的承諾，在這段時間搭著社交媒體蓬勃發展的順風車，短短四年累積文章超過數百篇，粉絲人數達到兩萬五千人的里程碑，投資獲利也在這段時間大幅成長，是令人意外卻幸福的收穫。在粉絲團成立近四年後，接到遠流出版公司的邀請寫下這本書，將所有的想法與經驗進行整合，用更完整的文字傳達我們的理念，也希望可以鼓勵更多想要前進美股市場、但遲遲未採取行動的讀者，現在或許是打開美股市場大門最好的時機點。希望讀完這本書的你，可以給予你投資美股的動機與勇氣，並獲得額外思想與財富上的收穫。

回顧自金融危機以來，政府的量化寬鬆、科技的突破式創新與人類對生活品質的重

視，創造了超過十年以上的多頭市場，讓很多投資人已經遺忘了過去曾經發生的嚴重災難，甚至有些這幾年加入市場的投資人根本沒有體會過空頭市場的可怕，也沒有見過所謂股市的崩盤。有些股市老手笑稱這些年輕一輩的投資人沒有經過空頭市場，就不算真正的投資人，這個情況到今天都不一樣了。

永遠對風險做好準備

美股市場在二〇二〇年經歷了太多前所未見的事件，新冠肺炎疫情在二月初開始蔓延全球，市場的恐慌與拋售使得原本強勢的美股重挫，引發一連串的連鎖效應。

連股神巴菲特都說，他這輩子從來沒看過的美股熔斷機制，竟在十個交易日內發生了四次。接著，道瓊工業指數在三月十二日下跌了二三五二・六點，創下自一九八七年股災以來最大單日跌幅。其後油價崩盤，造成能源股的營運岌岌可危，甚至在期貨市場出現前所未見的「負油價」，大大重傷了市場投資人。

就業數據與經濟數據都創下了新低紀錄，為了避免經濟陷入無法挽回的衰退危機，聯準會祭出史上最大的救市計畫，甚至連過去不曾援助的不良債權都納入名單，企圖挽回市場信心，讓市場開始V型反彈。但危機是否已經過去了呢？直到寫下這段文字的當下，市場仍潛藏著高度不確定性，無法預測接下來的股市走向。

疫情總會趨緩，經濟會不斷循環發展，市場終究會回復到正常運作，也會帶領股市重新振作。歷經這次的危機，對每個投資人來說絕對是寶貴的一課，也是一次新的開始，讓你了解市場永遠潛藏著未知的風險。而身為投資人最重要的事，就是永遠對風險做好準備，長期存活在市場上的人才是最後的贏家。

世界上最好的獲利天堂

我在本書中提到的內容，包含自己在美股投資多年經驗的心得，看美股市場在這十年間的風格轉換與高潮迭起，不管是在過去、現在還是未來，我相信皆適用於不同的市場環境，並能提供讀者一套可依循的投資邏輯，從中找到適合自己的投資方式，建立起專屬於自己的投資原則。

除此之外，書中提到許多看好的產業與商業模式，包括訂閱經濟、金融支付與電動車等科技趨勢，也都正處於蓬勃發展階段，由於美股的趨勢動能延續性非常強，好的公司面對全世界的市場擁有更強的競爭能力，加上資訊的流通速度與獲得比過去更容易，現在加入美股市場絕對為時不晚，更好地參與這些公司的成長，帶來豐厚的獲利。

當然，書裡有許多我過去與現在都在關注並持有的公司，分散於不同產業類別，每個產業具有不同的特性與評價方式，希望提供讀者一個大方向，先了解產業中的領導公司，培養自己的能力圈並持續擴展投資範圍。

綜觀全世界，找不到一個比美股更多元、更多選擇性的市場。錢進美股之後，相信你也會發現美股是這個世界上最好的獲利天堂，一起在美股中實現財富與自由的人生。

國家圖書館出版品預行編目（CIP）資料

美股投資學：跟著JC錢進美股，打造高速成長、穩健收息的投資組合，擁抱世界財富／財女Jenny著. -- 初版. -- 臺北市：遠流出版事業股份有限公司，2021.02
面；　公分
ISBN 978-957-32-8931-9（平裝）
1.股票投資　2.證券市場　3.美國
563.53　　109020157

實戰智慧館 494

美股投資學

跟著 JC 錢進美股，打造高速成長、穩健收息的投資組合，擁抱世界財富

作　者——財女 Jenny

副 主 編——陳懿文
封面設計——謝佳穎
行銷企劃——舒意雯
出版一部總編輯暨總監——王明雪

發 行 人——王榮文
出版發行——遠流出版事業股份有限公司
104005 台北市中山北路一段 11 號 13 樓
郵撥：0189456-1
電話：（02）2571-0297　傳真：（02）2571-0197
著作權顧問——蕭雄淋律師

2021 年 2 月 1 日初版一刷
2024 年 2 月 20 日初版十刷
定價——新台幣 420 元（缺頁或破損的書，請寄回更換）

ISBN 978-957-32-8931-9

遠流博識網 http://www.ylib.com　E-mail: ylib@ylib.com
遠流粉絲團 http://www.facebook.com/ylibfans